高等教育管理理论与实践

郑娟 赵倩 李萌 著

延吉·延边大学出版社

图书在版编目（CIP）数据

高等教育管理理论与实践 / 郑娟，赵倩，李萌著.
延吉：延边大学出版社，2024. 5. -- ISBN 978-7-230-06634-1

Ⅰ．G640

中国国家版本馆 CIP 数据核字第 2024A6A447 号

高等教育管理理论与实践

著　　者：郑娟 赵倩 李萌
责任编辑：魏琳琳
封面设计：文合文化
出版发行：延边大学出版社
社　　址：吉林省延吉市公园路 977 号　　邮　　编：133002
网　　址：http://www.ydcbs.com
E‑m a i l：ydcbs@ydcbs.com
电　　话：0433-2732435　　　　　　　　传　　真：0433-2732434
发行电话：0433-2733056
印　　刷：廊坊市广阳区九洲印刷厂
开　　本：787 mm×1092 mm　1/16
印　　张：9.25　　　　　　　　　　　　字　　数：200 千字
版　　次：2024 年 5 月 第 1 版
印　　次：2024 年 6 月 第 1 次印刷
ISBN 978-7-230-06634-1

定　　价：78.00 元

前　言

当今世界已经进入全球化深入发展的时代，高等教育也正以前所未有的深度和广度融入全球化的浪潮中。全球化对高等教育管理的方方面面产生了深刻的影响，既给中国高等教育管理发展带来了机遇与挑战，也为中国高等教育质量提升带来了新的契机。与此同时，高等教育在经济社会发展中的作用也从间接推动转变为直接拉动，经济和社会发展比任何时候都更加依靠知识的更新、人民素质的提高、科技的创新和教育的进步。

高等教育是社会大系统中一个极其重要的子系统，它与经济、政治、文化等子系统之间有着相互依存的关系。高等教育作为培养高层次专门人才的社会活动，与人的发展更有着极为密切的联系。同时，高等教育自身又是一个多层次、多类型、多主体的系统，不仅高校之间，高校内部各组织之间，领导、教师与学生之间关系错综复杂，而且与社会的方方面面都有着千丝万缕的联系。随着时代的发展，多层次的高等教育与多元化的社会之间形成了越来越密切的互动关系。现代社会，高等教育的存在和发展越来越离不开政府和社会在人力、物力、财力，以及政策、环境等方面的支持与促进，社会的发展也越来越离不开高等教育及其研究的引领与推动。

随着社会的进步，科学技术的发展，教育形势发生了很大的变化。在新形势下，社会对人才有了新的要求，对人才专业程度的要求更高。高等教育是学生在步入社会前最后阶段的教育，因此社会越来越重视高等教育的效果和质量。这种高期望促使高校的教育机制不断进行变革和发展，因为只有这样，高校才能保证培养的人才能够符合社会发展的需要，为社会的不断发展做出贡献。

高等教育管理是高等教育发展的关键因素，要想分析和研究我国高等教育的现状和创新发展，就必须聚焦于高等教育管理及其理论基础。近年来，随着我国社会主义市场经济的发展与社会改革的推进，我国高等教育管理工作也面临着新的挑战。因此，转变高等教育管理方式、建立新的管理理念和管理模式、开展新时代高校教育管理，具有重要的现实意义，是高等教育在未来谋求长足发展及内涵提升的必由之路。

本书以高等教育为出发点，围绕高等教育管理理论与实践展开思考和探索，首先对高等教育管理的相关理论进行阐述，包括高等教育的特点、目标和功能，高等教育管理的概念、分类、特点等；其次对高等教育管理体制的确立、高等教育管理系统构建等相关问题进行分析，深入探讨高等教育管理体制的运行模式；最后从高等教育教学管理、学生管理和资源管理等方面对高等教育管理实践展开探究，指出了高等教育管理创新的必要性，并提出了创新实践方案。

为了满足社会发展的需求，结合劳动力市场的阶段性要求，高等院校要充分认识到加强高等教育改革和创新实践的重要意义，以更好地培养高质量、高素质的复合型人才为目标，加强高等教育管理。

在写作过程中，笔者参考和借鉴了一些学者的学术著作，获益良多，在此向他们表示深深的感谢。由于笔者水平有限，部分问题的研究还有待进一步深化、细化，书中难免存在一些不足之处，敬请广大读者批评指正。

著者

2024 年 5 月

目 录

第一章 高等教育及其管理 ... 1
第一节 高等教育的特点和目标 ... 1
第二节 高等教育的功能 ... 6
第三节 高等教育管理概述 ... 13
第四节 高等教育管理的功能 ... 19
第五节 高等教育管理的原则 ... 29

第二章 高等教育管理体制的确立 ... 37
第一节 高等教育管理体制的含义和形式 ... 37
第二节 高等教育管理体制的功能及其制约因素 ... 38
第三节 高等教育管理体制的建设 ... 40

第三章 高等教育管理系统构建 ... 49
第一节 高等教育管理系统概述 ... 49
第二节 宏观与微观高等教育管理系统 ... 57
第三节 高等教育管理系统中的组织结构 ... 67

第四章 高等教育管理实践 ... 72
第一节 高等教育教学管理 ... 72
第二节 高等教育学生管理 ... 80
第三节 高等教育资源管理 ... 88

第五章 高等教育管理的创新实践 ... 99
第一节 高等教育管理创新的必要性 ... 99
第二节 高等教育管理创新的重点内容 ... 102

第三节 高等教育管理理念的创新实践 …………………………………………118

第四节 高等教育管理模式的应用创新 …………………………………………127

第五节 高等教育管理技术的应用创新 …………………………………………132

参考文献 ……………………………………………………………………………140

第一章 高等教育及其管理

第一节 高等教育的特点和目标

一、高等教育的特点

（一）知识性

高等教育作为一种特殊的教育形式，其基本特点之一就是知识性。这一特点体现在高等教育的内容上。高等教育注重培养学生，使其系统掌握各个学科的基础知识，并通过专业课程的学习，深入了解特定领域的高级知识和理论。知识在高等教育中的地位是不可替代的，它是学生获取并应用各种技能的基石。因此，知识在高等教育中扮演着重要的角色。

1.高等教育可以丰富学生的知识储备

通过系统的学习和实践，学生将积累大量的知识。这些知识既包括基础学科的知识，也包括专业领域的知识。这些知识不仅为学生提供丰富的理论基础，也为他们今后的学习和工作奠定坚实的基础。

2.高等教育可以提供丰富的知识资源

高等教育机构往往集聚各个学科领域的学者和研究人员，学生通过与这些学者、研究人员的互动和交流，往往能够了解前沿的学术知识和研究成果。高等教育机构的图书馆、实验室等，有助于学生自由获取和利用各种知识资源。

3.高等教育可以培养学生的独立思考能力和创新能力

知识是引领思维和创新的基础。在高等教育中，学生通过系统学习和实践，逐渐形成批判性思维和创新思维。他们会对知识进行分析、评价和综合，独立地思考问题，提出新的观点和见解。他们还通过课程作业、研究项目等提高自身的创新能力，以及运用所学知识解决实际问题的能力。

4.高等教育为社会提供高素质人才

知识性这一特点使高等教育能够培养各个领域的专业人才，满足社会对人才的需求。通过高等教育，学生获得了充足的知识储备和一定的专业技能，能够胜任相应的工作。他们的专业知识和技能能为社会的发展和进步做出重要贡献。

（二）研究性

研究性是高等教育的重要特点之一。高等教育致力于培养学生的研究能力，激发他们的创新精神和探索精神。

在这个信息爆炸的时代，学生仅仅掌握书面知识是远远不够的，还需要有独立思考、运用所学知识解决实际问题的能力。高等教育注重培养学生分析、判断、推理和解决问题的能力。教师会引导学生提出问题、调查研究、分析数据、发表论文等，让学生亲身参与到知识创造和发展的过程中。这种培养对提高学生的学术素养和创新能力有着重要的促进作用。学生可通过查阅文献、实地考察、实验研究等方式，深入了解某一特定领域的知识，并能够对所学知识进行批判性思考和创造性运用。这有助于培养学生的学术独立性、解决问题的能力和创新能力，从而为他们未来的职业发展奠定坚实的基础。

（三）开放性

开放性是高等教育的重要特点之一。高等教育的开放性主要体现在以下几个方面：

1.高等教育具有开放的教育方式

高等教育注重培养学生的自主学习能力和批判思维能力，鼓励学生积极参与知识的获取，鼓励学生进行创新性思考。这种开放性的教育方式使得学生能够更好地学习并应用知识，既有助于培养学生的创新精神，又有助于提高学生的实践能力。

2.高等教育具有开放的学科设置

随着社会的发展和需求的变化，高等教育的学科设置也在不断调整。许多高等教育学科门类齐全，为学生提供了广阔的选择空间。学生可以根据自己的兴趣和发展规划，在不同的学科领域中进行学习和研究。这种开放性的学科设置有利于培养学生的综合素质，有助于提高学生的跨学科能力。

3.高等教育具有开放的学习环境

高等教育机构不仅为学生提供优质的教学资源和设施，还鼓励学生参与各种形式的学术交流和社会实践活动。学生可以通过参与科研项目、参加社团活动、实习等方式，扩大自己的社交圈子，提高社会实践能力，增强社会责任感。这种开放的学习环境为学生提供了更广阔的发展空间。

4.高等教育的开放性体现在国际交流与合作方面

随着全球化的推进，高等教育机构之间的国际交流与合作也越发频繁。学生可以通过交流项目和合作项目，走出国门，与来自不同国家和地区的学生进行学术交流。这种国际化的交流与合作有助于培养学生的跨文化交际能力，有助于拓宽学生的国际视野，有助于提高学生的全球胜任力。

（四）国际化

如今，高等教育的国际化已经成为一种趋势。国际化不仅仅体现在高等教育的交流与合作上，还体现在办学模式和教学内容的国际化上。

国际化的高等教育有助于提升学生的综合素质和跨文化能力。学生在全球化的大背景下，只有具备一定的国际视野和跨文化能力，才能更好地适应职场、适应社会发展的需求。国际化的高等教育可以通过开展留学和交换生项目、开设国际课程等方式，来培养学生的跨文化能力。

除了对学生的培养，国际化的高等教育还有助于提升高校的国际影响力和声誉。高校通过与国外大学的合作和交流，可以吸引更多国际优秀学生来校学习，也可以吸引更多国际优秀学者前来交流，从而提升高校的学术水平和国际声誉。此外，高校在国际合作中也可以分享和传播自己的优秀教育资源和经验，推动其他国家和地区的教育发展。

国际化的高等教育还可以促进教育质量的提升和创新能力的增强。通过与国外大学的交流与合作，高校可以吸收和借鉴世界上优秀的教育理念和教学方法，进一步提升教育质量。同时，国际化的合作有助于高校增强创新能力，为社会和经济发展提供更多的创新助力和人才支持。

二、高等教育的目标

（一）培养高素质人才

高等教育的目标之一是培养高素质人才。高素质人才具备深厚的学科知识、广泛的综合素养和独立的创新能力，能够适应社会变革和经济发展的需要。培养高素质人才是高等教育的核心任务之一，也是国家发展的重要保障。

1. 注重学科知识的全面掌握

高等教育要着重培养学生的专业素养，使其具备一定的理论知识和实践能力。通过专业课程的学习，学生往往能够形成系统的学科知识体系，为未来的就业和职业发展打下坚实的基础。

2. 注重综合素养的提高

学生的综合素养包括思维能力、创新能力、人际沟通能力等多个方面。高等教育应该为学生提供较多的素质教育机会，注重培养学生的综合素养。举例来说，高校可以通过开设选修课程、组织社团活动等方式，培养学生的领导能力、团队合作能力和创新能力。

3. 注重创新精神和实践能力的培养

高等教育应该提供创新教育平台，鼓励学生自主思考和实践探索。高校可通过实验实训、创业培训等方式，培养学生的创新意识和实践能力，使他们具备运用所学知识解决实际问题的能力。

（二）提高全民素质

高等教育的目标之一是提高全民素质。随着社会的进步和发展，人们对优质教育的需求越来越高。高等教育作为人才培养的重要力量，承担着培养各类高素质人才的责任。在全面建设社会主义现代化国家的进程中，提高全民素质是全社会的共同追求，而高等教育则是其中的重要推动力。

高等教育通过广泛开展各类教育培训活动，提高了广大人民群众的综合素质。高等教育不再局限于少数精英群体，而是积极面向全民开放，使更多的人能够接受高质量的教育。无论是在校学生，还是社会各界人士，都能通过进修、培训等方式，提高自身的学识和素质水平。这不仅有助于个人的全面发展，还有助于社会的进步和发展。

高等教育通过推进终身教育理念，促进了全民素质的提升。高等教育不仅关注在校学生的素质培养，而且重视社会各界人士的发展。通过建立健全终身教育体系，高等教育为社会各个阶层的人提供了持续学习的机会和条件。这使得全体人民都有机会获取高等教育资源，可以不断提升自身的知识水平和素质水平。这种终身教育理念的实践，有助于全民素质的提高，有助于社会的进步与发展。

（三）服务社会经济发展

高等教育的目标之一是服务社会经济发展，这是因为高等教育在培养人才方面具有重要作用。高等教育培养出的人才可以为社会经济发展提供智力支持和技术支持。

高等教育可以培养出具有专业技能和专业知识的人才，为各个领域的社会经济发展提供有力的支撑。高等教育机构通过开设各类专业课程，让学生系统地学习和掌握相关知识和技能，使他们在毕业后能够为各行各业的发展做出贡献。例如，在经济领域，高等教育可以培养出具有经济学、金融学等专业知识的人才，他们能够为企业的发展决策提供科学的依据，推动经济的稳定和可持续发展。

高等教育能够培养出具备创新精神和创业能力的人才，为社会经济发展注入新的动力。通过高等教育的教学和研究活动，学生们可以接触到最新的科技成果，提升自己的创新思维和解决问题的能力。这些具备创新意识和创业精神的人才，可以为社会经济发展带来新的商业模式、创新技术和服务方式，推动社会经济的转型升级。

高等教育还可以培养出具备社会责任感和公民意识的人才，为社会经济发展注入正能量。在高等教育过程中，学生不仅仅接受专业知识的传授，还能接触到丰富的人文社科内容和社会实践活动。这些具备社会责任感和公民意识的人才，有助于社会稳定、和谐。

第二节 高等教育的功能

从系统论的观点看，功能总是与结构连在一起的，结构产生功能，结构制约功能，这是一般的规律。在自然科学中，这一规律经常能够得到验证，特别是在某些自然形成的系统结构中，有什么样的结构就有相对应的功能，结构决定了功能。例如，太阳系中各星球之间的关系与功能，都是由结构决定的。但是，在教育系统中，结构并非自然产生的，而是人为的。一般情况下，功能（期望）产生于结构之前。人们为了实现某一教育功能，总是要有意识（或者有目的）地构建或者调整某些教育结构。因此，在研究教育问题时，我们没有必要走从系统结构认识系统功能的道路，教育结构的目的只在于更好地实现教育的功能。

如何认识高等教育的功能，目前理论界并没有比较统一的结论，就像诸多教育理论问题一样，从不同的角度思考，就会有不同的结论。而且各自都有其成立的依据。薛天祥先生在《高等教育学》一书中将近年人们对高等教育功能的认识归纳为两个方面：

"从教育哲学的角度出发者，认为教育的价值观外化为教育的功效和目的，高等教育功能与高等教育价值观有密切的联系。由于价值观的不同而又有三种看法：第一，一维价值选择模式观，认为高等教育只具有对'社会'或对'人'或对'知识'某一主体的价值，仅有单一的功能。第二，二维价值选择模式观，认为高等教育具有对社会、人或对社会、知识或对人、知识的价值，具有三种类型的双主体的功能。第三，三维价值选择模式观，认为高等教育具有对人、社会和知识的价值。

"从社会角度出发者，认为高等教育功能可分为育人功能和社会功能。育人功能即培养人才，促进人的身心全面发展。社会功能指高等教育促进社会发展的作用，又细分为政治功能、经济功能和文化功能。"

上述两类结论，基本上概括了当今人们对高等教育功能的认识。从两类结论可以看出，无论是从哲学研究角度还是从社会学角度来看，结论都有共同之处，甚至大同小异，其差别仅在于是否更全面一些。这也许能够表明，当前人们对高等教育功能的认识，已趋向一致。因此，我们总结上述两类观点的共同点，将高等教育的基本功能叙述为是对人的影响和对社会的影响两大功能。

一、高等教育对人的影响功能

高等教育对人的影响主要表现为它的育人功能，也可称为"促进人的全面发展功能"。教育的育人功能是高等教育最基本的功能。现实中，教育有初、中、高等教育之分，不同阶段的教育，其在育人内涵上有不同的侧重。如果说初、中等教育主要侧重对人的基本素质的提高，高等教育则侧重对人的专门领域素质的提高，或者说是对人的从业准备知识的增强，不明确这一点，只笼统地说育人是为促进人的身心发展，缺乏针对性的意义。

高等教育的育人功能有使受教育者全面发展的一面，但其更注重的是学生在专门化方向发展的一面，主要表现在探索与传递专门知识的层面上。专门知识是相对于那些初级的、共性的、基础性的知识而言的，它既可以表现为高深的知识，也可以表现为专门的技能。专门知识源自丰富的社会生活实践，并贯穿社会的各个时期和不同领域，或以专门化的形式表现，或以综合化的形式表现。高等教育的育人活动就是通过让受教育者在不同领域学习知识，从而提高人的专业素质。人们对这些知识进行搜集、梳理和归纳，按照其内在的逻辑关系分门别类，使之成为某个领域的系统性知识，从而进行探究和传授。因此，当今高等教育不仅有学科种类的区别，而且还有不同专业的划分。

这种划分，可能是为了高等教育育人功能实施的方便。但是不管这些知识来源于哪，归类于何种门类，它总是离不开社会实际生活，而且最终也要应用到社会实际中去。高等教育育人功能的实现绝对不能脱离社会实际，这是高等教育育人功能在实现途径上有别于其他教育的一个显著特征。

高等教育的育人功能主要通过高等教育的机构——高校来实现。高校通过有目的、有计划、有组织地进行教育教学活动，对受教育者进行知识的传授、能力的训练和道德品质的培养，从而促进人的德智体美劳等方面的发展。高校实现育人功能的形式多种多样，有的通过营造校园的文化氛围来影响人的意识和情操，也有的通过典型的人、事的活动让人自悟自省。但是高等教育最主要的还是通过课堂教学形式来实现育人功能。课堂教学虽然是高校教育中最古老、最传统的教学形式，但至今仍不失其在高校教育中的首选性和有效性。随着历史的发展和社会的进步，课堂教学的形式和内容都发生了很大变化，多媒体技术的引入，使原本传统呆板的纯听觉接受变成了视听共享。此外，某些专用教学功能的不断强化将科研和实践活动带进了课堂。当今时代，课堂教学的内涵和外延都发生了很大变化，这些变化虽然只是育人方法手段的变化，但它有助于提高高校的教育教学效果，有助于强化高等教育的育人功能。

二、高等教育对社会的影响功能

高等教育是与社会关系最紧密、联系最密切的一种育人活动，对社会的影响比较广泛，人们对其社会功能的认识，也具有渐进性。高等教育经历了一个从孤芳自赏、自我封闭到进入社会、开放办学的过程，高等教育的社会功能就在这一过程中得到了一步步明晰。从总体看，人们认为高等教育对社会的作用应该是促进社会的变革与发展，也有人认为，高等教育应该具有引领社会先进文化和社会进步的责任。后一种观点将高等教育的功能变为了责任，虽然有所勉强，高等教育是否应该承担如此重任，高等教育能否承担得起如此重任，还有待进一步商榷，但它至少表现了人们对高等教育的一种期望，这种期望的最低阈值就是高等教育要对社会产生积极作用。高等教育应在哪些领域产生作用，产生什么作用，笔者认为，高等教育对社会的作用主要表现在政治、经济和文化领域。

（一）高等教育的政治功能

教育的政治功能是早已被历史证实的一种客观事实。古今中外，历朝历代的统治阶级无不对教育的政治作用非常重视。《学记》中的"建国君民，教学为先"，就是谈教学的政治作用。而约翰·S.布鲁贝克的《高等教育哲学》更是从政治论的角度研究教育哲学理论，讨论教育问题。人们重视教育的政治功能，看重教育在稳定社会政治秩序中的作用。高等教育的政治功能着重体现在以下几个方面：

1.表现在对人的政治社会化方面

政治社会化是指人们接受一定的社会政治意识形态，形成适应一定社会政治制度的政治态度、政治认同感和政治习惯，以及积极参与政治的过程。社会化可以形成社会大多数人共同的政治意向，形成政治共同体，扩大社会的政治基础，提高人们的政治觉悟，从而达到社会政治秩序的稳固。高等教育作为传递文化、训练思想与培养情感的活动，能以直接的或间接的、显性的或隐性的方式向年轻一代传播一定的社会政治意识，促进他们的政治社会化。具体来说，教育所传授的内容有些是直接的政治灌输，如政治课所传授的内容；有些虽然是传授文化科学知识，但其间渗透一定的社会政治价值与政治标准。高校教育者一般都经过一定的训练，政治社会化程度较高，社会政治意识始终贯穿于其施教过程中。除了这些直接的、显性的作用，高校还可通过一些间接的、隐性的方式影响年轻一代的政治意向，如高校的社会构成、教师的教育方法、校园风气、课外活动和学生政治群体等。这种直接灌输与渗透相结合、理论学习与具体实践相结合来促进年轻一代政治社会化的方式，是来自社会生活的散乱影响所无法比拟的。

2.表现在促进社会的政治稳定、完善与发展方面

促进社会的政治稳定，主要是通过政治集团的管理作用来实现的。我国古代学校教育就是典型的"养士"教育，向学生传授的大都是"修己治人之道"，不仅让他们形成一定的政治思想意识，而且还向他们传授社会长期积累下来的"为官之道"。资本主义社会的教育提出了既培养资本主义社会的管理人才，又培养具有一定知识的劳动者的双重目标，但培养政治人才、管理人才的任务依然存在。现代社会，国家对政治人才、管理人才的要求更高，许多国家为了适应这种变化，设立了专门培养国家管理人才的高校。社会越向前发展，对国家管理人员各方面素质要求越高，因此通过教育选拔、培养政治人才和管理人才就显得越重要。

3.高等教育对社会政治的引领与导向作用

高等教育对社会政治的引领与导向作用，一方面通过意识形态来渗透。在意识形态领域，高等教育将自己的政治倾向隐藏在客观理性的褒贬之中，达到影响他人、影响社会政治的目的。另一方面通过教育事实来证明。高等教育可以通过自身的教育事实来加深、证明或强化某些思想观念的合理性，如对科技是第一生产力观念的阐释，它不是用太多的语言，而是用本身的成就来证明这一观念的正确性，从而使社会重视知识、重视人才、重视科技。这种对社会的导向作用，犹如细雨润物，远比政治家的说教、理论家的雄辩或国家机器的强制作用更加深入人心，更加切实有效。

（二）高等教育的经济功能

高等教育的经济功能是指它在经济领域对社会发展的促进作用。

1.高等教育对经济的作用主要是通过对社会生产力的改变来实现的

高等教育是提高劳动者素质、促进劳动力再生产的重要手段，这是由高等教育的专业化教育的特征决定的。劳动创造财富，劳动产生经济效益，这是人所共知的事实，但劳动需要劳动者来完成，不同的劳动者有不同的劳动效果，不同的劳动效果产生不同的经济效益。在现代社会，随着社会劳动工业化、自动化水平的提高，决定劳动者劳动成果的因素不仅仅是劳动态度和劳动条件，劳动者的劳动技能的作用越来越明显，因此劳动者要具备一定的科学知识和生产技能。科学知识属于知识形态的生产力，这种生产力在应用于生产过程之前，既不是特定的劳动资料，也不是劳动者的生产经验和技能，而是潜在的生产力。科学知识和生产技能也只有内化到人身上，变为劳动者的素质，才有可能转化为直接的物质生产力。将劳动者与科学知识、生产技能相结合的最好途径是高等教育。教育和训练相结合，从而提高劳动者的素质，实现劳动力的再生产。教育对人的劳动能力的提高，还表现为高等教育可以提高劳动力的素质，可以把具有普通文化素质的劳动者变为某一行业的专门劳动力，把原先属于某一行业的专门劳动力训练为另一个行业的专门劳动力，改变劳动力的形态。总之，高等教育通过劳动力的再生产，使劳动力适合社会生产的需要，进而提高社会生产力，促进社会经济的发展。

2.高等教育对经济结构、经济发展的直接作用

如果说高等教育通过接受高等教育的人对社会经济产生促进是一种间接作用，那么高等教育对经济发展问题的研究将对经济发展发挥直接的作用。在高等教育领域，不少的经济类专业或涉及经济类的专业和研究机构，它们从不同的角度，运用不同的方法，对社会经济发展状态进行研究，从而提供指导意见。这些研究有从理论角度建立体系研究规律的，也有从应用实践的角度来指导发展的。

3.高等教育通过发展科学技术进而推动经济的发展

进入工业化后，科学技术对生产力的改善和促进作用日益明显，科学技术一方面提高了劳动者的素质，另一方面也在不断改善生产资料，新的生产环境使得生产效率大幅提高，经济效益大幅增长，科技是第一生产力的观念已经深入人心。世界上许多经济发展迅速的国家，都是以科技发展为先导，科学技术在国民经济发展中的比重较大。有人将生产力与生产要素（包括科学技术）之间的关系用数学等式来表示，由此区别一般科学技术和高新技术对生产力的不同影响。对于科学技术，他们认为：生产力=（劳动者+劳动资料+劳动对象）×科学技术。而对于高新技术，他们认为：生产力=（劳动者+劳动资料+劳动对象）^{高新技术}。

这两个公式，虽然不是严格意义上的数学等式，但它可以说明在其他生产条件不变的情况下，一般科学技术对生产力的贡献是乘积关系，而高新技术对生产力的贡献是指

数关系。如今，产业界开始认识到现代企业不仅需要接受了高等教育的人，而且需要高校的研究成果与技术，高等教育的发展不能脱离社会，需要企业的支持，而企业的发展也同样需要高等教育的支持和帮助，对教育采取敬而远之的态度，不如实行亲而近之的策略。高等教育以自己对社会的有为，换来了自己在社会中的有位，如今，高等教育已开始从社会的边缘走向社会的中心。

（三）高等教育的文化功能

高等教育的文化功能，主要体现在它对文化的传承和创新两个方面。文化一般有广义和狭义之分。有学者认为，广义的文化是指人类在社会发展过程中所创造的物质财富和精神财富的总和；狭义的文化是指社会意识形态以及与之相适应的制度和组织机构。也有学者认为，广义的文化是指人类在社会发展过程中所创造的物质财富和精神财富的总和，是相对于自然界而言的；狭义的文化指精神财富，包括人类所创造的科学、艺术、政治、法律、道德、哲学、教育等。还有学者认为，文化是人类社会在一定的物质资料生产方式基础上进行的创造精神财富的活动及其成果。这些对文化概念的界定，有相同之处，也有不同之处，这里不做深究，我们取其共性的一面，即我们所谈及的高等教育对文化的影响，主要是指精神层面。精神文化，在文化构成中处于核心地位，其内容主要包括价值观念、思维方式、行为准则、伦理道德、文学艺术、审美情趣、民俗风范等。

高等教育对文化的传承功能，本质上与普通教育的文化传承功能没有区别。许多学者认为，教育对文化的传承功能是从文字出现以后开始的，并且以有组织的学校教育为标志。教育对文化的传承具有系统性和规律性。教育打破了文化传递与保存的时空界限，也使作为观念形态的文化可能与人类个体的生命存在相分离，为人类文化的世代积累创造了条件。随着社会的发展，教育对文化传承的容量越来越大，方法和手段也在不断更新，像文化载体之一的书籍，从竹帛、纸到移动设备，无论从保存方式到容量大小，都达到了前所未有的水平，这使得教育对文化的传承更加方便，更加有效。

高等教育与普通教育对文化的传承在范围和内容上有所区别：

在传承范围方面，普通教育涉及的文化多数集中在经过人类加工的基础知识领域，且是相对成熟的知识，传递也多以继承为主；高等教育传递的知识大多集中在社会现实生活领域，几乎涉及社会发展、人类生活的方方面面，这些知识有些经过人类的归纳整理，以系统化的形式展现在不同的领域，有些仍然以原始形式夹裹在社会现实之中，需要人们研究、开发和整理。高等教育对文化的传承比普通教育要复杂，它需要在传承中增加认识，在认识中不断实现传承。

在传承内容方面，高等教育传承的知识多是专门知识，也可以说是高深知识。何为高深知识，并没有绝对的标准。例如，相对于初等教育的基础性知识，在专门领域的专门知识就是高深知识；相对于已知的成熟知识，正在探索中的知识就属于高深知识。现在的基础知识，在若干年前也许是高深知识，如力学中的牛顿定律，在牛顿所处的时代绝对是高深知识，但在今天也只是普通知识。如今的高深知识，也许若干年后就成为课本中的基础知识。也正由于高等教育传承的知识多是高深知识，它比普遍教育在知识传递的方法和手段上要复杂得多，传承的难度也大得多。

与普通教育相比，高等教育改造、更新、创造文化的作用是比较明显的。在普通教育中，所传承的文化内容具有相对稳定性，文化内容一经选定，在某一时间段内，一般不做变动或不做很大变动，从而保持了传承内容的相对稳定性。高等教育则不同，高等教育传授的知识具有在传承中不断认识、在认识中实现传承的特点，高等教育所传承的知识具有动态的特征，时刻保持与时代同步，在认识的过程中实现对文化的改造、更新和创造。

高等教育对文化的改造一般要经历选择、整理、改造的过程。选择，就是对所传承的文化内容进行甄别，其标准主要有两个，即社会价值标准和学术价值标准。社会价值标准主要由社会的政治、经济和文化传统所决定，其目标是保证所培养人才的政治方向和社会认可性；学术价值标准主要是从知识的价值考虑的，同时也要考虑选择更适合学校教育的某些知识，以保证知识传递的有效性和学校教育的高效率。对知识的整理，其重点在知识的层次性、系统性、学科性、基础性、专业性等方面，以方便高校教育为目标。而对文化的整理，则重在以文化发展为导向，并在整理的过程中完成改造。中国文化源远流长，各种思想并存，但是几千年来的文化传承却始终受儒家思想的影响。

高等教育对文化的更新、创造作用，应该是高等教育的生命力所在。所谓大学是新思想、新文化的策源地，就是从这个意义而言的。高等教育对文化的更新、创造作用，可以从人文思想文化和科学思想文化两个方面来认识，前者主要表现在社会变革中思想、理念上的变化，后者主要体现在自然科学中思想、技术的发展。我国现代教育根据人的全面发展的思想，提出素质教育的理念，这体现的是教育观念的更新。这些与社会发展相关的思想观念的变迁往往始于教育，特别是现代高等教育。在自然科学领域，科学文化的更新与创造更是日新月异，人类知识更新速度的加快本身就是文化创新的结果,这种变化,不仅仅是需要科学思想理念上的升华,还需要在科学技术层面上的突破和创造。这一切,都与高等教育的作用密切相关。

第三节 高等教育管理概述

一、高等教育管理的概念

高等教育管理是指由专人或专门机构负责的,组织有关人员合理配置高等教育资源,高效完成高等教育预定目标的活动或行为。具体而言,表现为高等教育管理者所持有的施加于高等教育被管理者的一种活动。它能够使前者的意志和设想变成后者产生从属性活动的直接动因,从而使高等教育管理者的活动与高等教育教学和科研人员的具体而有成效的活动结合成一种总体运动,以便顺利有效地实现高等教育管理者所预想的目标。

在界定高等教育管理的定义时,需要明确以下几点:

(一)管理者、举办者和办学者的职责

高等教育行政管理者主要是中央和省两级教育行政部门。高等教育的举办者是投资创建高校的主要组织、机构、团体或个人。高等教育的办学者是以高校法人为代表的高校领导、管理者集体。由于我国高等教育的举办者不同,高校分为公办、民办两种。公办高校主要由各级政府办学;民办高校主要由社会力量办学,包括各民主党派、团体、私营企业、公民个人。在我国,公办高校的举办者也是行政管理者,因而属于高等教育管理者的范畴。但是,从严格意义上讲,高等教育的举办者和行政管理者是有明显区别的,把两者混为一谈不利于高等教育管理决策的科学化和民主化进程,不利于高等教育管理活动的正常开展。当前我国高等教育管理体制进行改革的一大任务就是要将高等教育的举办者和行政管理者分开,明确两者的职责范围,借助法律、经济、行政等多种手段,充分发挥高等教育行政管理者的作用,从而保证高校真正成为独立的办学实体。

（二）范围涉及高等教育系统内外

就外部而言，任何一级的高等教育管理都离不开计划部门、财政部门的参与，否则，高等教育管理者就无计划可施行、无财源可配置。就内部来说，高等教育系统为高等教育管理奠定了基础。离开了高等教育系统的高等教育管理将成为无源之水、无本之木，从而失去存在的意义。所有这些都是由高等教育的客观现实与规律决定的。高等教育管理者要协调好高等教育与社会经济、政治、文化等方面的关系，既寻求高等教育外部的支持，使高等教育主动适应社会的发展，又必须不断优化高等教育内部结构，正确处理高等教育内部的各种关系，合理配置资源，尽可能地实现高等教育目标。所以，在某些层面上，高等教育管理是一种调节高等教育系统内外关系、解决矛盾的过程与活动。例如，高等教育的目标是培养社会主义现代化建设需要的合格的高级专门人才，满足人民日益增长的高等教育需求。但是国家财力不足，限制了高等教育的有效供给，无法及时满足人们对高等教育的需求。因此，调节高等教育供应与需求的关系，充分利用有限的高等教育资源，积极开发新资源，维护高等教育的供需平衡，正确处理高级专门人才培养的数量与质量的关系以及高等教育的个人需求和社会需求的关系等，都是高等教育管理的分内之事。

二、高等教育管理的分类

根据管理的职能，高等教育管理可以分为宏观高等教育管理和微观高等教育管理；根据管理所涉及的领域和覆盖的范围，高等教育管理可以分为高等教育行政管理和高校管理。

（一）宏观高等教育管理与微观高等教育管理

宏观高等教育管理指的是专人或专门机构组织、负责的，对事关高等教育发展方向，但不涉及高等教育内部具体的结构、运行机制活动的管理。宏观高等教育管理的管理者包括高等教育的举办者和高等教育行政管理者。宏观高等教育管理包括对高等教育系统以外与高等教育发展有直接密切联系的活动的管理和高等教育行政管理。宏观的高等教育管理反映了高等教育系统的复杂性。

与宏观高等教育管理相对，微观高等教育管理是指专人或专门机构对高等教育内部具体结构、运行机制及其有关活动的管理，以保证高等教育职能的充分发挥。微观高等教育管理主体是高校，要协调好社会与高校的关系，调动社会力量促进高等教育的发展。高校的财务管理、教学管理、学生管理、高校后勤社会化、高校的社会捐赠机制、高校的校办产业开发等都属于微观高等教育管理的范畴。

（二）高等教育行政管理与高校管理

高等教育行政管理是宏观高等教育管理的重要组成部分。高等教育行政管理，就是教育行政领导机关根据国家的教育法规、方针、政策等，对一切高等教育活动进行组织、协调、考核等，以期用经济、有效的方法来实现国家的高等教育目标。高等教育行政管理，在内容上涉及教育方针和目的、高等教育事业计划、高等教育制度、高等教育财政、高等教育行政管理者、高等教育的国际交流等内容。

高校管理是微观高等教育管理中的内容，它指的是高校内部系统的管理活动，其目的是实现高校教学、科研、为社会服务的三大功能。高校管理包括高校人、财、物、事、教学、科研等的管理，是影响高等教育管理效益的直接因素。

三、高等教育管理的特点

（一）管理者的专业性

在高等教育管理中，管理者的专业性起着至关重要的作用。管理者的专业性包括他们的知识、技能和经验等。管理者的专业性不仅体现在他们对管理理论和实践的熟悉程度上，还体现在他们对高等教育发展趋势和政策的理解和把握上。

管理者的专业性主要体现在管理者的专业知识上。管理者需要具备丰富的高等教育领域的知识，包括教育学、教育管理学等方面的知识。这些知识使他们能够更好地理解和应对高等教育管理中的挑战和问题。

管理者的专业性主要体现在管理者的专业技能上。管理者需要具备良好的沟通能力、团队合作能力、决策能力和问题解决能力。高等教育管理工作涉及与学生、教师和其他利益相关者的互动，因此，管理者需要具备良好的沟通和交流技巧，以促进信息的流通和合作的开展。另外，管理者还需要具备能够做出明智决策和解决复杂问题的能力，以应对高等教育管理中的各种挑战和变化。

管理者的专业性主要体现在管理者的专业经验上。管理者的专业经验能够帮助他们更好地应对高等教育领域的具体问题和挑战，并帮助他们找到解决问题的有效方法和策略。

（二）教育公平性

教育公平性是高等教育管理中的一个重要特点。教育公平性是指对于所有学生都提供相同的机会和资源，以便他们能够平等地接受高等教育的机会和福利。这是一个基本的原则，也是教育发展的基础。在高等教育管理中，教育公平性可以确保每个学生都有平等的机会接受高等教育，并根据自己的能力和努力获得相应的成果。

高等教育管理者应该致力于建立公平的招生制度，这意味着要坚决抵制任何形式的不公平对待。高校通过合理的评估和选拔方式，确保每个有才能和潜力的学生都有机会接受高等教育。

高等教育管理者应提供公平的学习条件和资源。这包括建设并完善教育设施，如图书馆、实验室等。此外，高等教育管理者应明确家庭经济困难学生的资助政策，为经济困难的学生提供经济支持，以减轻其负担。

高等教育管理者还应该注重教育质量和教学效果的公平性。这意味着要提供优质的教学资源、合适的教学方法，尽量让每个学生都能享受到优质的教育服务。为此，应提升教师队伍素质，鼓励教师开展教育创新，促进师生互动。

（三）管理准则多元性

在高等教育管理中，管理准则的多元性是一个重要特点。随着社会的进步和教育的发展，高等教育管理所面临的挑战也日益增多。为适应不同的发展需求，高等教育管理准则也呈现出多元化的趋势。

高等教育管理准则的多元性体现在管理方式的多样性上。不同的高校、不同的教育机构在管理上可能会采用不同的方法和手段。有些高校可能更加注重行政管理，强调层级和规范性；而有些高校则更加注重参与管理，倡导教师、学生和管理者之间的合作与协商。多样的管理方式充分体现了高等教育管理准则的灵活性和适应性。

高等教育管理准则的多元性表现在决策模式的多样化上。高等教育管理涉及各个层面和领域的决策。不同的高校或教育机构可能会根据自身的特点和定位，采取不同的决策模式。有些高校可能更加注重民主决策，鼓励广大师生参与决策过程；而有些高校则更加注重权威决策，强调领导者的决策权。这种多元化的决策模式体现了高等教育管理准则的包容性和多样性。

高等教育管理准则的多元性还体现在价值观念的多样性上。不同的高校和教育机构可能有不同的价值取向和发展目标。有些高校可能更加注重学术研究的质量和水平，以求在学术领域取得一定的影响力；而有些高校则更加注重社会责任的履行，致力于培养社会需要的专业人才。这种多样性的价值观念体现了高等教育管理准则的开放性和多元性。

四、高等教育管理的任务与内容

高等教育是一个复杂的大系统，其内容包罗万象；其任务艰巨，范围广，管理起来非常困难。作为管理者，没必要也不可能面面俱到，只要能抓住主要矛盾，解决主要问题，建立一套有效的高等教育管理系统，就能把管理工作做好。要想做好高等教育管理工作，就应明确高等教育管理的主要任务与内容。

（一）高等教育行政管理的主要任务与内容

高等教育属于国家公共事业，深受高等教育内外部各种因素的影响。高等教育行政管理的主要任务是采取多种手段，充分调动高等教育内外部的各种资源，高效实现高等教育的目标，适应社会经济、政治、文化、科技等的发展需要。

我国高等教育行政管理是社会主义国家行政职能的重要组成部分，它的任务是和我党全面建成社会主义现代化强国的战略目标联系在一起的。高等教育行政管理旨在通过发展高等教育事业，办好高校，满足社会发展的需要，满足人民日益增长的高等教育需求。新时代社会主义中国高等教育行政管理的主要任务是以马克思列宁主义、毛泽东思想、邓小平理论、"三个代表"重要思想、科学发展观、习近平新时代中国特色社会主义思想为指导，运用现代管理科学的理论，借鉴其他高等教育科学的理论，遵循社会主义高等教育行政管理的规律，为党更好地领导高等教育事业，制定高等教育的方针、计划、政策提供科学依据；不断提高教育行政干部的高等教育管理理论水平和工作能力，从而促进高等教育事业的健康发展。

要完成高等教育行政管理的任务，就必须明确高等教育行政管理的主要内容：高等教育的发展战略与规划、高等教育制度与结构、高等教育目的、高等教育投资、高等教育立法、高等教育评估、高等教育管理体制、高校设置、成人高等教育管理、民办高等教育的管理、对高校领导者的管理等。《中华人民共和国高等教育法》及有关法律法规对上述许多内容做了明确规定，为科学管理高等教育行政事务提供了法律保障。

（二）高校管理的任务与内容

高校管理是高等教育管理的重要组成部分，是高等教育行政管理的具体体现和延伸。随着高等教育改革的不断深化，高校拥有越来越多的办学自主权，高校管理水平的高低将直接影响高校的办学质量，影响国家高等教育的发展。高校的管理任重而道远。

《中华人民共和国高等教育法》第三十一条规定："高校应当以培养人才为中心，开展教学、科学研究和社会服务，保证教育教学质量达到国家规定的标准。"这明确规定了高校的主要任务和职能。高校管理的目标在于充分调动一切资源，保证高校任务的高效完成。高校管理的目标是确定高校管理任务的重要依据，因此，高校管理的主要任务是贯彻执行党的教育方针，落实教育法令法规，采取切实可行的措施和方法，通过科学管理，高效实现高校的办学目标，促进国家高等教育事业的发展。

一所高校就是一个"小社会"。随着高校改革的不断深入，许多本应由社会承担的事务将逐步社会化，从高校分离出去，高校管理的内容将相应发生变化。就目前来讲，高校管理的主要内容包括高校内部管理体制的建立、高校教学和科研的管理、教师和大学生的管理、情报信息系统的管理、高校经费的管理、高校后勤的社会化、思想政治教育管理、高校发展计划的制订、高校行政人员的管理和培训、普通高校内成人高等教育和高等职业教育的管理等。

将高等教育行政管理和高校管理在内容上分成若干方面，主要是出于理解和认识的方便。实际上，在管理过程中，各种管理的内容之间并不是孤立的，而是相互作用的。例如，高校内部关系混乱，必然会影响教师和科研人员的工作热情和质量；经费管理混乱，办学成本过高，忽视经济效益，会对高校的发展速度、规模产生不利影响。高等教育领导体制制约着高校的内部管理体制，高等教育的宏观结构与高校的人才培养规格也有密切的联系。所有这些要求高等教育管理人员在管理过程中既要明确自己的职责，努力搞好本职工作，又要有全局观念，避免互相推卸责任，给整个高等教育系统造成危害和损失。

高等教育管理过程也是一个改革的过程，为了实现科学管理，就必然要求改变落后的管理方式、方法，重新配置资源、利益，建立新的管理模式，制定新的制度和方案，这一过程难免会遇到阻力、压力。因此，无论是管理机构还是管理者，都应该利用多种管理方法和手段以及管理技巧，调动广大高等教育工作者参与高等教育改革，不断提高高等教育管理的效率。由于内外部因素的影响，我国高等教育在发展中面临许多亟待解决的难题，改革的任务非常艰巨。例如，高校合并后的校内领导体制问题、高等教育事业费拨款方式的公平与效率问题、思想政治教育的科学性问题等，都有待高等教育工作者齐心协力，加以解决。

第四节 高等教育管理的功能

对于高等教育管理的功能，从不同的角度可以归纳出多种不同的功能。一般来讲，人们认为管理的功能就是规划、组织、控制、协调的功能。从这几个方面来分析管理的功能时，应该抓主要矛盾，从两个最主要的方面来研究和分析高等教育管理的功能，即高等教育管理的规划功能、控制功能。

一、规划功能

规划是指对事物未来的发展进行预期目标和工作计划的整体设计。规划是管理活动中的首要任务，因此，要搞清楚它的功能，管理者首先要了解一些相关的高等教育规划的知识。

（一）高等教育规划的依据

随着市场经济体制的深入发展与逐步完善，作为影响高等教育系统发展的一种技术手段，高等教育规划通过对高等教育系统进行合理的分析，使高等教育系统更好地满足个人和社会的需要。同时，高等教育规划的制定也与社会经济、人口发展对高等教育的需求密切相关。

1. 高等教育规划产生的社会背景

（1）经济因素

这里的经济因素实际上包括两个方面：一是国家经济体制的因素；二是经济发展的需求问题。在我国，教育的需求主要与国民经济的发展需求相适应，与国家政治的需求相适应。根据恩格尔定律，随着人们收入水平的提高，用于生活必需品方面的支出占整个收入的比例会不断下降，而用于包括教育在内的其他非生活必需品方面的支出占整个收入的比例会不断上升。

（2）人口因素

人口因素主要是指人口增长对教育需求的影响。除了经济因素外，人口因素是导致国民高等教育需求量增加的一个重要因素。第二次世界大战以后，世界人口急剧增长，接受高等教育的人口数量迅速增加，直接导致高校在校人数的快速增长。国民对高等教育需求量的增加对高等教育规划的产生、发展起到了直接的推动作用。政府或社会要满足大批国民对高等教育的需求，不仅需要大量的教育资源的投入来支撑庞大的办学系统，改善办学条件，而且需要合理组织教育系统，合理利用有限的教育资源等。所有这些，显然都有赖于周密的规划。

（3）人力资本因素

在市场经济体制中，人力资本是最活跃的因素。人力资本需求越旺盛，教育的需求就越旺盛；人力资本的质量和水平要求越高，对高等教育质量与数量的需求就越高。随着高等教育在社会经济中的地位日渐提高，人们研究教育与经济关系的兴趣日浓，在这种情况下产生了人力资本理论。西方经济学家从对经济增长中生产要素组合比例的分析中发现，影响经济增长的因素除了资本的投入和劳动的投入外，还有人力资本。人力资本指的是人所拥有的诸如知识、技能及其他可以影响从事生产性工作的能力。人力资本是相对于物质资本而言的，它是一种生产要素资本，对生产起促进作用，是经济增长的源泉，并且和物质资本相比，它在经济活动中的作用更大，对经济增长的贡献更大。在各种人力投资形式中，教育投资是最有价值的。作为一种重要的投资活动，对个人而言，个人接受教育可以增加知识和学习技能，提高个人所得；就社会而言，教育为社会培养各类人才，提高其生产力，促进了社会经济的发展。同时，由于个人的教育水平一般同个人的收入联系在一起，一个人的教育水平越高，其工资收入可能越高。因此，国家可以通过平均性的教育发展政策减少国民教育水平的差异，从而相应缩小国民收入分布的方差，最终促进社会平等。

2.高等教育需求的构成

（1）社会对高等教育的需求

社会对高等教育的需求反映了社会政治、经济、文化等的发展对高等教育所提供的人才数量的多寡、质量的高低等方面的要求。具体来说，社会对高等教育的需求主要体现在三个方面：经济发展对高等教育的需求、政治发展对高等教育的需求、文化发展对高等教育的需求。

（2）个人对高等教育的需求

从个体对高等教育的需求上看，尽管这种需求受到很多因素的影响，但经济水平的提高是一个非常重要的因素。研究表明，人们的教育需求与他们的收入水平是密切相关的，收入水平高的国家，高等教育阶段学龄人口的在学率也高。一般情况下，高经济收入的家庭对高等教育有旺盛的需求。所以，高等教育的规模、层次、质量、水平等的需求是高等教育规划最基本的背景。个人对高等教育的需求主要反映了个人对高等教育发展所提供的受教育机会、受教育质量的要求，这一要求是由人的职业需要、成就需要、真善美的需要引起的。

个人对高等教育的需求也可看作社会对高等教育需求的组成部分，应当重视对这部分需求的研究。因为，个人的需求往往是社会需求中最敏感的部分，社会发展对高等教育提出的各种需求常常是通过个人的需求首先反映出来的。个人的需求和社会的需求有着紧密的联系，两者在很多情况下是一致的，个人的需求也会影响社会的需求。由于资源有限，社会需求和个人需求不可能都得到满足，会不断产生新的需求矛盾，即使是富裕社会，往往也不能完全满足民众对高等教育的需求。因此，在高等教育的规划中，需求是根本。从一定的意义上讲，没有旺盛的需求就没有兴旺的高等教育，需求推动了高等教育的发展。

3.高等教育规划的方法

以高等教育的需求为基础的规划方法有两种：一是人力需求法；二是社会需求法。

（1）人力需求法

人力需求法是一种运用较为广泛的规划方法。人力需求法的基本假定是：经济发展有赖于教育提供促进经济增长所需的各种受过教育和训练的人力，各经济部门的劳动生产力投入与产出结构是可以预测的，每一种产出和劳动生产力的水平都与一种特定的职业结构相联系，每一种职业都有最佳的教育结构，技能和教育之间存在对应关系，劳动力市场过剩或短缺通过发展教育来协调。因此，必须借助规划来预计通过高等教育培育的人才数量与质量，确定社会需求的总量以及各级各类人才的数量，指导高等教育机构来完成教育任务。人力需求法的基本原理是以社会经济发展对人力的需求为出发点来制定规划。具体来讲，通过了解国家在某一时期劳动力的职业与教育结构和产出水平之间存在的关系，来确定高等教育的质量与数量。根据人力需求法原理，如果知道了以下几个方面的数据，即任何未来经济部门每一种职业所需人力数，每一种职业现在的人数，每年由于死亡、退休或离职等造成的每一种职业的减员数，每年离开一种职业又进入另一种职业的人力流动数，这样便可使规划期每一年的人力总数和每一种职业的人力总数定量化。假定每一种职业的人力仅与一种特定的教育相联系，那么，所有教育层次和所有学科的所需产出就可计算出来。在供应方面，如果具备规划内每一年现行教育制度期望的产出数据，便可计算出目标年每一种职业所需补充人力数与实际可供应数之间的差额，据此可以调整和规划各个层次和学科的招生数和毕业生数。

（2）社会需求法

社会需求法是基于人力需求法，然后针对整个社会的政治、经济、文化的发展来考虑的。对于一个国家来讲，它不仅仅要考虑需求的个体、局部，还要考虑国家的整体，如地区、行业的需求，这是宏观层面上的需求。社会需求法是一种常用的高等教育规划的方法，其思想是以个人对高等教育的需求为出发点，把高等教育个人的投资和消费集合成整体，并尽可能地满足个人对高等教育的需求，以这种需求为基础制定高等教育整体规划。社会需求法是以个人的教育需求为基础的规划方法，这里的社会需求是一个集合概念，它把个人的需求综合了起来。从另一个角度讲，社会需求法的基本原理是建立一个描述教育系统的模式，用学生从一级教育向另一级教育的流动来描述教育系统的活动。那么，人口预测是其基础，升级比例是其最重要的参数，结果是毕业生就业与社会需求的平衡。特别是当一个国家的社会需求产生社会发展与教育之间的矛盾时，社会需求就会产生作用，极大地影响高等教育规划，并以此来预测和规划未来的高等教育。

（二）宏观高等教育规划

宏观高等教育规划是国家及政府层面上的规划，我们可以称之为战略性的规划和指导性的规划。这一层次上的规划有许多，本部分主要分析有关事业发展类的规划。譬如，编制国家的高等教育事业发展规划主要有以下几个方面的工作要做：

1. 提出规划的指导思想

规划要以国家关于高等教育发展的总方针和有关精神为指导思想，以国家教育事业发展的总规划为依据，以习近平新时代中国特色社会主义思想为指导，加强统筹安排，控制高校设置的数量，提高高校设置的质量，调整和优化高校布局结构。

2. 设计规划的内容

第一，总结和分析前一个时期高等教育发展的整体情况，主要包括高等教育的需求与目标完成情况；高等教育资源结构布局情况；高等教育改革情况；高等教育经费情况，特别是高校的经费保证和财力支持情况；高等教育办学条件情况；高等教育资源的现状；等等。

第二，提出今后一段时期高等教育发展的目标，即根据上一个时期目标完成情况，在充分考虑现有高等教育资源的前提下，提出今后一段时间高等教育的总体规划目标，如高等教育的发展规模、发展速度等。

第三，高等教育经费财政保障。提出预算内教育经费增长的政策保障和具体措施，以此作为高等教育发展的前提。

第四，完成目标的步骤和措施。

3. 编制规划的程序和方法

地方高等教育事业发展规划与国家层面的规划是有些区别的。一般来讲，地方政府的高等教育事业发展规划应根据国家有关文件的精神和要求，以及相应的国家规划进行编制。

4. 编制规划的内容

规划的内容主要反映在以下四个方面：

第一，本地区前期高等教育发展的整体情况，除了发展的规模、结构、质量、速度，还有前期本地区财政性支出对高等教育的支持情况、本地区办学条件的总体情况、本地区高等教育资源的现状等。

第二，根据本地区前期经济社会发展需要和今后高等教育发展的规划目标，在充分考虑现有高等教育资源尚可利用的剩余容量的前提下，提出本地区今后高等教育发展的规划。此规划应包括高等教育的总体规划目标和各级各类分项目标。

第三，经费来源和财政保障。提出今后保证本地区高等教育经费预算年均水平比上一时期有增长的政策保障和具体措施，以此作为本地区、本期间高等教育发展的前提。

第四，完成规划的具体步骤与措施。地方高等教育规划受国家的指导和控制，国家为了保证各地方高等教育的协调发展，在确定地方高等教育规划的时候，要提出审查意见，履行审批手续和程序，这也体现了《中华人民共和国高等教育法》对高等教育的管理，是高等教育管理体制所决定的。

（三）高校事业发展规划

规划是管理的第一步。要想走好第一步，就要明确高等教育活动的方向和目标是否正确，发展思路是否清晰，工作要求是否明确且符合客观实际，措施是否合理得当，规划是否便于实施等。高校的规划是微观高等教育管理的范畴，是微观高等教育规划。

（四）规划功能分析

规划功能主要表现在两个方面：一是规划中目标的科学性，二是为达到目标所制定的工作方案的可行性。

规划是一种预期设计，结果也是预期的，其真正的效用要通过实际结果来检验。规划中目标的科学性主要指目标的确定是通过一定的科学程序完成的，是通过各个层面以及专家的作用来实现的，是经过了科学的研究与论证确定的。工作方案的可行性是指完成目标的工作步骤和措施是否客观，方案的设计是否考虑到了各工作要素和客观环境条件，是否与这些因素有太大的冲突等。对比过去可以发现，现在的编制规划越来越讲求实效，目标的确定越来越清晰，基本上可以通过定量与定性的指标反映出来。而这些量化指标和定性描述是经过了许多人、许多程序才形成的。

二、控制功能

控制是高等教育管理过程中的重要内容。控制就是对组织运作、组织活动进行规范性干预，这些干预大都是制度性的、行政性的，甚至是强制性的。

（一）高等教育目标控制

高等教育目标的实现程度是衡量高等教育管理效能的重要标准，也是高等教育控制的主要依据。高等教育目标是预设的推动高等教育目的实现的导向和标准，因此具有预见性特征。随着时间的推移，高等教育活动主客观条件发生变化，不论是宏观高等教育管理还是微观高等教育管理，对高等教育目标适时进行控制和校正是很有必要的。

此外，高等教育目标又带有目标制定者对教育价值判断的印记，而现实的教育目标的实行通常并不完全按照教育理论家或政治家们的设想去进行。对于高等教育目标操作中出现的与理想之间的偏差自然也需要控制。

各教学和行政管理部门在贯彻和实施高等教育战略目标以及与办学目的有关的计划、程序时，往往需要制定详细的子目标。对于子目标执行过程中出现的种种偏离总目标的行为，需要有一定的制度和机制对其实行调控。

1. 高等教育数量目标控制

高等教育数量扩张的原因大致有经济起飞阶段对专门人才需求的急速增长、政府对高等教育的政策倾斜和巨大投入、某些社会大变动后造成的对高等教育政策的变革等。我国在招生问题上的主要矛盾是政府每年对招生规模的限制与高校面向社会自主办学的需要（包括招生计划编制调控上享有的自主权）之间的矛盾。在对高等教育数量目标进行控制的过程中，有必要分清政府主管部门与高校两者在职能、权利及义务上的不同。

2. 高等教育质量目标控制

（1）高等教育的质量标准

从高等教育增长方式的角度来划分，高等教育目标可分解为数量目标和质量目标。由于现代高等教育具有多方面的目标与功能，因此衡量高等教育质量的标准也不是单一的，学术标准是其中十分重要的一条。一般而言，高等教育系统内部往往倾向于强调教学、科研的学术标准，强调学科、专业的内在逻辑和科学性，而社会（包括用人单位、学生家长等）更多关注高等教育活动对现实的适合性、实用性，如高校课程设置、教学内容是否有利于日后就业；在缴费上学的条件下，对学业的投入能否保证更大的回报；高校的科研是否能向企业提供新产品、新工艺，从而给企业带来可观的经济效益。在理想状态下，高等教育质量应兼顾学术、社会需求、受教育者意愿和能力等多方面的因素。在实际操作中，兼顾诸多因素是困难的。但是如果根据不同的质量标准（尤其是学术标准），将高校进行适度分级，问题的思路可能会变得清晰些。同一课程在不同性质的高校的不同专业，其学术性程度是不同的，衡量这门课程的质量标准自然也不同。例如，工科教育中的数学课和理科教育中的数学课是不一样的，前者强调数学作为一门工具性课程的实用价值，而后者十分注重数学课的逻辑性、探索性。以此类推，每所高校根据不同的功能定位，其学术水平的要求也会有所差异。

截至目前，高等教育的质量标准没有统一之说，宏观的质量标准反映在适应度上，主要是指高等教育与社会经济发展的适应度。科学技术与科学文化知识创新水平，培养的人力资源的数量与质量是高等教育适应度的主要内容。目前我国评价大学质量标准方面的研究有些进展，但主要是在教学与学术方面，还不能完全反映高校的整体质量。

（2）高等教育质量目标控制手段

从时间上看，高等教育质量目标控制可分为三类：

第一，前馈控制。前馈控制的主要内容是指对高等教育质量设置的过程进行控制，对高等教育质量运行的方案设计进行控制，尽量避免将要出现的问题。

第二，过程控制。过程控制关注高等教育质量活动过程与高等教育目标的契合程度。在高等教育运行中，不断设置一些中期评价的行为，以解决出现的问题，使运行过程不至于偏离目标太远，最大限度地保证高等教育质量。

第三，反馈控制。反馈控制绝不是活动全部结束了，利用活动的结果进行信息反馈来加以控制，这是一个误解。反馈控制仍然是在管理活动的过程中，对于某项活动的运行状况随时进行信息反馈和控制。当然，终结反馈也是必要的，终结反馈的结果只能是对下一个循环进行调控。要注意反馈信息渠道的正常与多元，避免错误反馈。通过建立专业性鉴定委员会等方式加强反馈信息的权威性，不应将事后的质量评估视为活动的终点，而应积极为新一轮活动提供质量控制和改进建议。

（二）高等教育行为控制

规范高等教育的行为是高等教育管理控制功能的首要任务。高等教育行为主要在两个方面是必须得到控制的：一是高等教育的方向性；二是高等教育活动的行为规范性。

1.高等教育的方向性

高等教育的方向性主要体现在政治方向上。一个国家的高等教育不可能完全没有政治性。从国家的民族性和人才战略来讲，人力资本除了是自身的以外，还有一部分是国家的。所以，高等教育的政治方向问题就好理解了，那么国家对高等教育的政治方向的控制也就成为必然。

2.高等教育活动的行为规范性

任何管理活动都是人的活动行为，不论是宏观管理还是微观管理，行为控制也许是管理活动中最复杂的课题。高等教育活动的人是由多个个体组成的人群，因此对于人群的行为进行规范就显得更为重要了。

从微观高等教育管理来看，高等教育领域的教学与科研活动属于高智力型。高校的教师和学生致力于知识的探索与传播，他们在实现高等教育目标的活动中，各种行为有别于其他社会组织。不过，普通的组织行为管理技术对于高等教育系统中的行为控制仍然是很有价值的。它立足于人的行为和环境的相互作用，试图通过对环境条件的控制来实现对人的行为的控制，从而促使人的行为向预期的方向发展。在高等教育管理中，要帮助高等教育系统的成员形成良好的职业行为，就需要为他们创造条件，也需要强化某些满足条件后才能得到的预期结果。比如，只有按照一名校长应做到的行为规范与行为要求来挑选校长，并为他完成校长职责创造各种条件，才有可能得到预期结果。

（三）高等教育财务控制

高等教育财务控制是高等教育系统内部各组织借助对货币资金的筹集、分配和使用采取的一整套管理和监督方法，使有限的教育经费最大限度地发挥作用，从而达到预期目标。与其他社会系统的财务控制类似，高等教育财务控制主要包括财务预算、会计、决算、审计四种活动。

1. 高等教育的财务预算

高等教育的财务预算主要是指对高等教育事业经费的编制、分配、执行、调整和分析等一系列的过程。高等教育预算过程的基本目的是确定从中央到地方主管部门、从大学到学院、从学院到系科、从系科到教学科研人员等的资源分配和调整。在确定预算拨款时，要对资源可选用的方案做出明确的抉择。因此，高等教育的预算核心问题是根据什么要把 X 款项拨给 A 项活动而不拨给 B 项活动。

2. 高等教育的会计与决算

在高校中，会计是以货币为主要计量单位，对高校的经济活动和预算执行过程及其结果进行反映、监督和管理的一种财务活动。

会计的基本职能在于反映和监督一定范围内的资金使用情况。会计的任务主要包括：第一，根据有关法律法规来编制并执行预算；第二，进行经济核算，加强现金管理，做好结算和核算，提高资金使用效益；第三，对高校的所有经济活动进行正确、完整、及时的记录，编制凭证，登记入账，上报会计报表。

高校的决算是执行预算的总结，是反映全校年度预算结算的书面报告。预算年度结束时，高校的财务活动便进入决算编制阶段。

3.高等教育的审计

高等教育的审计分为国家审计和部门审计，在必要的情况下，还有司法审计。在高校，审计工作是对会计账目进行检查，对有关的财政或财务收支活动情况进行监督的一种财务控制活动。

（1）审计对财务活动的判断

①合理性，即审核检查的经济活动是否符合有关规章制度的要求。

②合法性，即审核检查的经济活动是否符合国家的法律、政策、法令或条例。

③合规性，即审核检查的经济活动是否在正常或特定的情境下发生，是否符合高校管理的原则。

④有效性，即审核检查的经济活动有无经济效益。

⑤真实性或公允性，即审核检查的经济活动的资料是否如实、适当地反映它所要表现的经济活动。

（2）国家对审计部门的各项任务做出的规定

①对财务收支计划、经费预算、经济合同等方面的执行情况进行监督。

②对内部控制制度的健全、有效与否及执行情况进行监督检查。

③对会计报表和决算的真实、正确、合规、合法情况进行审计并签署意见。

④对严重违反财经法纪的行为进行项目审计。

（3）审计部门的主要职权

①检查有关的会计凭证、账簿、报表、决算、资金、财产。

②查阅有关的档案、资料；召开或参加有关会议。

③对有关人员或问题进行调查并索取有关材料。

④提出有关意见和建议。

⑤对各种不按规定、违反法纪法规的人员或做法提出处理措施，并向有关领导部门反馈审计结果。

（四）高等教育的宏观调控

高等教育的控制不仅包括一些技术性的环节，而且在发展过程中与制度性的宏观调控水平高低有关。这种宏观调控对高等教育发展的影响力往往更为深远。这里所指的宏观调控手段包括高等教育立法、高等教育政策、高等教育财政拨款等。

第五节 高等教育管理的原则

一、高效性原则

(一) 高效性原则概述

高等教育管理的高效性原则的核心是以提升管理效能为导向,充分发挥高等教育机构的资源优势,实现教育质量的提升和管理效率的提高。在高等教育管理中,高效性起着重要作用,能够促进高等教育机构的可持续发展,有助于提高教育质量,进而推动整个社会的发展。

高等教育管理的高效性原则要求管理者具备决策和执行能力。在高等教育管理过程中,管理者需要迅速做出正确的决策并推动这些决策的执行。高等教育机构作为一个庞大的组织系统,其管理决策涉及各个层面和部门,因此管理者需要具备一定的决策能力和执行能力,能够快速判断和解决各种问题,确保管理过程的高效。

高等教育管理的高效性原则需要注重资源的合理配置和利用。高等教育机构拥有丰富的资源,包括人力资源、物质资源、信息资源等,如何合理配置和利用这些资源对于高等教育管理的高效性至关重要。管理者要根据机构的发展目标和任务,科学规划和分配资源,并通过有效的监控和评估机制,确保资源的合理利用。

如今,高等教育不断发展、变化,管理者需要及时跟进和应对各种变化。面对日益激烈的竞争和不断变化的教育需求,高等教育管理者要保持开放的思维,积极创新,及时引入先进的管理理念和技术手段,不断改进和优化管理方式,提高管理效能。

（二）高效性原则在高等教育管理中的应用

在高等教育管理中，高效性原则是一项至关重要的原则。高效性原则意味着高等教育机构管理者需要确保各项工作能够以最有效的方式进行，以实现教育目标和提升办学品质。在实际操作中，高效性原则可以从多个方面得到体现。

高等教育管理者可以通过合理的资源配置来实现高效性原则。资源是高等教育机构办学的重要支撑，因此管理者需要合理分配各种资源，如人力资源、资金资源等，以确保资源得到最大限度的利用。合理的资源配置不仅可以提高工作效率，还可以优化教育资源配置，使其更好地服务于学生和教师。

在高等教育管理中，信息化技术的应用是实现高效性原则的重要手段。信息化技术的发展为高等教育管理带来了诸多便利。管理者可以通过建立健全的信息系统和数据库，实现信息共享，从而快速传递数据。这些技术工具可以帮助管理者更好地把握高校教育管理的脉搏，及时获取各类数据和信息，并做出科学决策，提高管理的效率。

高等教育管理者还可以借鉴先进的管理经验和方法，以强化高效性原则在实际操作中的应用。现代管理理论和实践中涌现了许多高效管理方法，这些方法强调高效和精细化的管理，可以帮助高等教育机构快速达成目标，实现可持续发展。管理者可以将这些方法融入高等教育管理中，从而实现高效性原则的最优应用。

（三）高效性原则对高等教育管理的影响

在高等教育管理中，高效性原则是至关重要的。高效性原则的应用对整个高等教育系统的运行和发展有着深远影响。

1.提高高等教育管理的工作效率

遵循高效性原则，能够确保各项管理任务的顺利进行，减少冗余和重复的工作，提高资源的利用效率。管理者可以通过制定明确的目标和任务，合理分配资源，优化工作流程，从而提高工作效率和管理效能。遵循高效性原则，能够鼓励教师、管理人员等不断改进自己的工作方式和方法，不断学习和实践，从而提高自己的管理水平和能力。

2.促进高等教育管理的发展

高效性原则要求管理者具备快速反应的能力，并能够及时调整和改进管理策略。管理者应当积极探索，不断创新管理方式和方法，不断推动管理理念和模式的变革。遵循高效性原则，管理者能够更好地适应和应对外部环境的变化，从而提高高等教育管理的适应性和应变能力。

3.增强高等教育管理的协同性和合作性

高等教育涉及多个层级和部门，各个环节的协调和合作关系紧密。管理者应遵循高效性原则，充分考虑各方利益，促进不同层级和部门之间的沟通和合作。遵循高效性原则，有助于打破部门之间的壁垒和促进信息共享，有助于提高高等教育管理各方面的协同性和合作性。

二、民主性原则

（一）民主性原则概述

高等教育管理中的民主性原则是指在管理过程中充分尊重和保障广大教职工和学生的参与权利，通过合理的程序和渠道，使他们能够直接参与决策、发表意见和建议，并使这些意见和建议得到充分考虑和尊重。民主性原则的实施是高等教育管理的一块重要基石，其意义和作用不可忽视。

遵循民主性原则，有助于增加决策的合理性和科学性。遵循民主性原则，通过广泛、深入的讨论，听取各方意见，有助于避免单一观点的盲目性和主观性，从而提高决策的科学性和准确性。各个利益相关方的参与，使决策结果更具有全面性和代表性，能够更好地满足整体和个体的需求。

遵循民主性原则，有助于增强参与者的归属感和责任感。通过参与决策的过程，教职工和学生能够真切地感受到自己的贡献和价值，增强对高校和管理工作的认同，从而更加积极主动地履行职责和义务，推动高校管理工作的发展。

遵循民主性原则，有助于促进组织的积极变革和创新。遵循民主性原则，通过广泛的讨论和交流，可以激发不同思想和观点的碰撞与融合，推动高校的创新和变革。民主性原则强调平等和尊重，鼓励各种声音和意见的充分表达，这有助于解决问题和推进改革。

遵循民主性原则，有助于建立良好的高校文化和信任关系。遵循民主性原则，通过民主参与和共同决策，有助于高校内部形成互信、互助、共享的良好氛围和工作模式，这为高校的管理和发展提供了坚实的基础，有助于校内各方力量的合作。

（二）民主性原则在高等教育管理中的应用

民主性原则是高等教育管理中的一项重要原则，它要求管理者在决策过程中充分尊重广大教育工作者和学生的意见，通过民主的方式进行决策和管理。在高等教育管理中，民主性原则的应用不仅能够提升管理的效能，更能够增强管理的合法性和可接受性。

在高等教育管理中应用民主性原则可以有效提升管理的效能。由于高等教育是一个复杂的系统，涉及众多的利益关系和多层次的决策，如果仅仅由少数管理者来做决策，很容易出现信息不对称、决策不准确等问题。而采用民主决策方式，可以广泛征求教育工作者和学生的意见和建议，从而充分利用集体智慧来进行决策。这样的决策方式能够避免个人主观意志的干扰，提高决策的科学性和准确性。

民主性原则的应用能增强管理的合法性和可接受性。高等教育管理涉及广大教育工作者和学生的切身利益，他们对于管理决策的参与和监督是非常重要的。民主决策的方式可以让教育工作者和学生参与管理，充分表达他们的意见，增强他们对管理决策的认同感和信任度。这样的决策也更易得到广大教育工作者和学生的支持。

（三）民主性原则对高等教育管理的影响

民主性原则是高等教育管理中的重要原则之一，它强调高校管理过程中广泛参与、平等协商和民主决策的重要性。在高等教育管理中，民主性原则对各个方面都有积极的影响。

1.促进教育管理的透明度和公开性

通过广泛的参与和协商机制，各利益相关方能够深入了解和参与高等教育管理的决策过程，使决策结果更加透明和公开。这有助于提高高校管理的公信力和合法性，增强师生对管理决策的信任和支持。

2.激发高校内部的创新活力和发展潜力

通过充分发扬民主精神，鼓励广大教职工和学生参与管理决策。民主决策的形式多样，可以采取集体讨论、投票表决等方式，为高校管理注入新鲜血液，推动改革创新。

3.提升高校管理的响应速度和灵活性

在快速变化的社会环境下，通过民主参与和决策，高等教育管理可以更快地适应新的挑战和需求。广泛参与的民主决策机制，有助于提升高等教育管理的灵活性。

4.培养学生的公民意识和参与能力

高等教育的目标之一是培养学生的综合素质和社会责任感。通过民主参与和决策，学生能够学习到如何充分表达自己的观点、理解他人的立场，具有进行理性讨论的能力。这有助于培养学生的公民意识和参与能力，为他们未来成为负责任的公民奠定基础。

三、依法管理原则

（一）依法管理原则概述

在高等教育管理中遵循依法管理原则，也就是说，必须遵守法律法规，保障高等教育的公正、公平、公开，促进高等教育事业的健康、可持续发展。遵循依法管理原则，对于高等教育管理效率的提升有重要的意义。

遵循依法管理原则有助于确保高等教育的公平公正。在高等教育管理中，依法管理原则要求在学生的招生、培养等方面做到公正、公平、公开，这可以确保每个学生都能够享有平等的机会和权益。各高校建立依法管理的保障机制，可以减少对学生招生、选拔、录取等环节的人为干预，努力实现公正选拔和公平竞争。

遵循依法管理原则有助于提高高等教育管理的效率。高等教育管理中的各个环节都需要遵循法律法规的规定，从招生计划的制订到教学质量的监控，都需要依法进行管理。遵循依法管理原则，可以减少不必要的程序和流程，提高决策的效率和准确性，以及规范高等教育管理的各项工作。此外，遵循依法管理原则，高等教育管理机构可以更好地应对现实世界中的各种挑战和问题，提高自身应对复杂情况的能力和水平。

遵循依法管理原则有助于增强高等教育管理的公信力和权威性。社会对高等教育管理的信任建立在依法管理的基础上。高等教育管理机构必须遵守法律法规，确保高等教育管理过程的透明、公开，让公众对高等教育管理的决策和行动产生信任和认可。只有遵循依法管理的原则，高等教育管理机构才能更好地赢得社会的信任和支持。

遵循依法管理原则对高等教育管理的创新和发展具有重要影响。依法管理原则鼓励高等教育管理机构遵循法律法规，同时也为高等教育管理提供了一个稳定的法律框架。在这个框架下，高等教育管理机构可以积极转变观念、创新管理模式，用法律的力量推动高等教育管理的改革和发展。在这个过程中，依法管理原则不仅是高等教育管理机构的约束，也是其寻求创新、进步的引导和保障。

（二）依法管理原则在高等教育管理中的应用

依法管理原则强调高等教育管理必须依法进行，依靠法律来规范和约束各项管理行为。在高等教育管理中，依法管理原则的应用具有重要的意义。

依法管理原则可以确保高等教育管理的合法性和规范性。高等教育管理机构必须在法律框架下运行，依法履行各项管理职责。通过遵守法律法规，高等教育管理机构可以确保其行为合法，并避免违法行为的发生。同时，依法管理原则能够规范高等教育管理的各个环节，确保管理程序的标准化和流程的合理性。

依法管理原则可以促进高等教育管理的公正性和公平性。在高等教育管理中，依法管理原则充分借鉴了法律的公正性和公平性原则，要求管理机构依据法律对各项管理事务进行公正和公平的处理。这意味着，不管是教师的选拔任用还是学生的评价评估，都必须按照法律规定来进行，不得偏袒任何一方，确保每个人的权益得到平等的保障。

依法管理原则可以提升高等教育管理的效率和效果。依法管理原则要求高等教育管理机构借助法律的力量来推动管理工作的开展。通过制定和实施科学合理的管理规范和制度，依法管理原则可以使高等教育管理的工作更加有序和高效。同时，依法管理原则还可以激发管理机构的积极性和主动性，促使其按照法律要求积极进行改革和创新，提升高等教育管理的效果。

（三）依法管理原则对高等教育管理的影响

依法管理原则对高等教育管理有着深远的影响，主要体现在以下几个方面：

1.增强高等教育管理的规范性和合法性

高等教育管理需要遵循国家法律法规的规定，依法进行各项管理工作。遵守国家法律法规的规定，能在一定程度上确保高等教育管理的合法性和合规性，有助于维护教育秩序的稳定和发展的可持续性。

2.增强高等教育管理的公正性和公平性

依法管理原则确保了高等教育管理中各项决策和资源的分配是符合国家法律法规规定的，从一定程度上避免了任人唯亲等情况，使高等教育管理更加公正、合理。

3.促进高等教育管理的创新和发展

高等教育管理的创新、发展要在国家法律法规允许的范围内。遵循依法管理原则，有助于高等教育管理机构在法律框架内勇于尝试和创新，推动高等教育管理的发展。

四、公平公正原则

（一）公平公正原则概述

在高等教育管理中，公平公正原则是一项重要的原则。它旨在确保教育资源的公平分配，为每一个受教育者提供平等的机会。公平公正原则要求高等教育管理机构以公正的态度对待每一个学生和教职工，确保他们在教育过程中享有平等的权益和机会。

高等教育管理公平公正原则要求高校在录取新生时要公正评估每一个申请者的能力和潜力，不偏袒特定群体或个人，建立公正、透明的招生制度，避免任何形式的歧视和偏见。

公平公正原则要求高等教育机构在教学过程中要公正对待每个学生。课程设置和教学方法应当以满足学生的个性差异和发展需求为出发点，保证每一个学生都能够获得适合自己的教学资源和支持。

公平公正原则还要求高等教育管理机构对待教职工要公正无私。高校应该为教职工提供公平的薪酬待遇、晋升机会和职业发展支持，激励他们发挥最大的潜力。

公平公正原则对高等教育管理的影响不仅体现在内部，还涉及与外部社会的互动。高等教育机构要积极与社会各界合作，努力打破各种不公平的约束，提供公平公正的高等教育。

（二）公平公正原则在高等教育管理中的应用

公平公正原则在高等教育管理中的应用具有重要意义。在高等教育管理中，公平公正原则的应用体现在各个方面，包括招生录取、教学安排、评价考核、资源分配等诸多环节。

在招生录取方面，高等教育机构需要遵循公平公正原则来确保招生过程的公平。这意味着没有任何一个学生可以凭借家庭背景、财富等来获取不公平的优势。招生录取必须基于客观标准，如考试成绩、学术能力和个人素质评估等。只有这样，每位申请者才能获得公平的竞争机会。

在教学安排方面，公平公正原则要求高等教育管理机构在课程安排、教师配备等方面保持公正。高等教育管理机构应该确保每个学生都能享受到公平的教学资源和机会，尽量避免特殊对待某些学生、歧视某些学生。高等教育管理机构应该积极采取措施来消除不公平现象，确保每个学生都能够获得平等的学习机会。

在评价考核方面，公平公正原则要求高等教育管理机构采用公平的评价标准来评估学生的学习成果。这意味着评价考核应该基于客观的标准，如考试成绩、作业质量等，而不应受到个人主观因素的影响。只有公平公正的评价、考核，才能更好地促进学生的全面发展。

在资源分配方面，高等教育管理机构应根据公平公正原则来分配教育资源。这包括教师、教室、实验设备等。高等教育管理机构应该避免资源的不平等分配，确保每个学生都能够得到公平的资源待遇，从而提高教育质量、促进学生发展。

（三）公平公正原则对高等教育管理的影响

公平公正原则对高等教育管理产生了深远影响。

遵循公平公正原则，有助于减少教育资源分配不均衡现象。根据这一原则，高等教育管理机构需要充分考虑学生的背景和需求，确保资源的公平分配，以避免任何形式的偏袒或歧视。

遵循公平公正原则，对高等教育管理机构的运作会产生一定的积极影响。高等教育管理机构要遵循公平公正原则，建立公正的决策机制和评估体系，确保教职工的晋升、薪资分配等方面的公正性。这不仅有利于激励教职工的积极性和创造力，也有助于提高整体的管理效能。公平公正原则还要求管理机构在学术评估和评价方面公正无私，充分尊重学术自由和学术独立性，使高等教育机构成为真正的知识创造和传播的场所。

政府部门在制定高等教育政策时，应充分考虑公平因素，确保教育机会的平等和教育资源的公平分配。高等教育管理机构应遵循公平公正原则，建立公正的评价体系，确保高等教育质量的公正评估和监管。这种制度和政策上的公平性为高等教育的可持续发展和优化提供了保障，增强了高等教育的公正性，有助于提升高等教育管理效能。

第二章 高等教育管理体制的确立

第一节 高等教育管理体制的含义和形式

一、高等教育管理体制的含义

高等教育管理体制是高等教育在管理机构设置、领导隶属关系和管理权限划分等方面的体系、制度、方法、形式等的总称。它属于上层建筑的范畴，与一定的社会制度密切相关。它既是一定的历史时期生产力水平的反映，又与一定的生产关系发展相联系，是我国整个国家管理体制的重要方面。它随着高等教育的出现而产生，随着高等教育事业的发展而发展。高等教育的管理可以分为三层，即高层管理、中层管理和基层管理，现在通常把高等教育管理中的前两层称为高等教育的宏观管理，第三层称为高等教育的微观管理，即高校的内部管理。与之相对应的，高等教育的管理体制包括高等教育宏观管理体制和高校的内部管理体制。

二、高等教育管理体制的形式

根据现代高等教育发展的要求，高等教育管理体制可以分解为下列形式：

（一）高等教育投资体制

社会主义市场经济体制是社会主义基本经济制度的重要组成部分，这要求高等教育的投资体制随之做出改变。从办学主体看，高等教育已从单纯的国家包办向国家、社会和个人多种主体办学并存的方向发展。高校应成为独立的实体，在经费收支等方面享有一定的自主权。从投资渠道看，国家各级政府财政拨款、收取学费、科研创收、社会服务报酬、校办产业收入、企业和个人投资以及海内外捐资等形式并存，这将成为未来我国高等教育投资的基本形式。

（二）高等教育教学体制

在高校的教育、教学活动中，与社会主义市场经济体制关系最为密切的是高校的专业与课程设置，以及与此相对应的一系列体制。在计划经济体制下，统一的专业课程设置不利于高校培养多种规格和类型的、满足市场需求的人才。社会主义市场经济体制的逐步确立，要求高校的教育、教学体制向着国家和各级政府宏观调控、高校自主办学、社会积极参与、学生适当自由选择相结合的方向发展，并最终形成高校自主适应市场的教育、教学机制。

（三）高校内部管理体制

社会主义市场经济体制对高校内部管理体制的要求是建立一套高效的内部管理体制，提高办学效益和工作效率。市场经济的竞争性，要求高校充分发挥各个部门和每个人的作用，合理配置和利用各种资源，建立起优胜劣汰，在利益分配上兼顾高校整体利益、部门利益和个人利益的内部运行机制，在健康、高效发展的轨道上履行其为国民经济建设和社会发展服务的职能。

第二节 高等教育管理体制的功能及其制约因素

一、高等教育管理体制的功能

高等教育管理体制的主要功能有四个方面：①通过规划与立法协调、指导高等教育发展，使之与社会政治、经济、科技、文化发展相适应，并确保高等教育在整个社会系统中的应有地位；②通过经费筹措及拨款，解决高校办学经费的后顾之忧，并体现政府对高等教育发展的导向作用；③通过评估与监督，保证高校的办学方向、办学水平、办学质量；④通过协调与指导，保证高等教育系统内部各个子系统间的相互配合、协调发展。

二、高等教育管理体制的制约因素

高等教育的性质与特点，决定了它与经济、政治及科技的关系比基础教育更加直接，更为密切。在经济、政治及科技中，经济起决定作用。经济是基础，经济基础决定上层建筑。社会主义市场经济体制是同社会主义基本制度结合在一起的，因此，它必然对作为社会上层建筑一部分的教育体制起决定性的影响，要求高等教育体制必须进行相应的变革。

（一）经济体制对高等教育管理体制起决定性的影响

高等教育与社会经济有十分密切的关系，社会经济为高等教育提供办学资源，高等教育培养的专门人才和研究的科技成果中的相当一部分要为经济发展服务。因此，经济体制必然对高等教育管理体制起决定性的影响。过去我国实行的高等教育管理体制，就是与高度集中的计划经济体制相适应的。现在，我国实行社会主义市场经济体制，高等教育的办学资源及其所培养的专门人才和研究的科技成果，不可能不受在资源配置中起决定性作用的市场的影响。

（二）政治体制对高等教育管理体制有重要的影响

一定的文化（高等教育是一种观念形态的文化）是一定社会的政治和经济的反映。经济是基础，政治则是经济的集中表现。高等教育管理体制改革更依赖于政治体制改革。过去的高等教育体制是与高度集中的计划经济体制相适应的，同时也受高度集权的政治体制的影响。高等教育管理从来就是政府行政管理职能的一部分，如何划分政府的行政权力，政府对作为事业单位的高校如何进行管理，是必须解决好的问题。国家机关进行行政体制改革，实行政事分开，也是政治体制改革的重要内容。若不进行政治体制改革，高等教育管理体制改革中扩大高校办学自主权，真正使高校成为具有法人地位的办学实体，以及简政放权，处理好在高等教育管理上中央集权和地方分权的关系等，都不可能解决。西方发达国家是实行市场经济体制的国家，但高等教育管理体制却存在一些差别。例如，美国实行地方分权制，高校都由州政府管理，高校也有比较大的办学自主权，联邦政府不直接管理高校；而法国的高等教育管理体制却实行中央集权制，并不与美国相同，其差别主要受政治体制的影响。可见，一个国家的政治体制对其教育体制具有非常重要的影响。

（三）科技体制对高等教育体制有重大影响

高校特别是重点高校，承担着大量的科学研究任务，是科学研究的主力军。在科技体制改革中，中央的方针、科技拨款制度的改革、技术市场和信息市场的建立，以及在科技管理中引进竞争机制等，都会对高校产生重要的影响。

正因为高等教育管理体制受经济体制、政治体制和科技体制的影响，所以高等教育管理体制必须与国家的经济、政治和科技体制相适应。另外，高等教育管理体制还受其文化传统的深刻影响。高等教育具有多种社会功能，不仅要适应社会当前的需要，更要考虑国家的长远和整体需要。特别是培养人的社会活动，要促进人的身心全面发展，有其自身的规律。因此，高等教育管理体制必须与高等教育发展自身的规律相适应。

第三节 高等教育管理体制的建设

一、高等教育管理体制的建设目标

（一）提升教育质量

高等教育质量的提升不仅关乎教育的效果，而且直接关系到国家的发展和人才培养的质量。高等教育质量的提升涉及多个方面的工作。

1.加强师资队伍建设

优秀的教师是保障教育质量的重要因素。针对目前部分高校存在的师资不足、结构不合理等问题，高校应该加大招聘力度，引进更多具有丰富学术和教育经验的优秀教师，同时也要重视教师培训和职业发展，为其提供更多学习和成长的机会。

2.加强教学评估体系建设

高校可通过建立科学有效的评估体系，及时发现和解决教学过程中存在的问题，提高教学效果。评估体系应该包括学生的学习情况评估、教师的教学能力评估和教学资源的评估等。

3.推进教育教学改革

随着社会的发展和科技的进步，教育教学模式也需要不断调整。高校可以采用多种教学方法，如问题导向、案例教学等，提高学生的学习兴趣，也要引导教师积极运用信息化技术，为其提供更丰富的教学资源。

4.加强与社会的对接与合作

教育与就业、产业发展紧密相关，高等教育应当与社会进行深度合作，建立校企合作机制，促进教育培养与实际需求的对接。高校还应注重实习、实训等形式的教学活动，提高学生的实践能力和知识应用能力。

（二）培养创新人才

为了适应社会发展的需要，高等教育管理体制建设必须将培养创新人才作为一个重要目标。培养创新人才是高等教育的使命，也是国家发展的需要。在高等教育管理体制建设中，应该采取一系列措施，来促进创新人才的培养。

1.加强对创新教育理念和理论的研究，深入思考如何培养创新人才

创新教育应该注重培养学生的创新思维和创新能力，培养学生的创新精神和探索精神。在教学过程中，教师可以引入一些创新教育方法，如案例教学、项目教学等，以激发学生的创造力。

2.改革教育评价体系，建立以能力为导向的评价机制

传统的评价方式过于注重学生的考试成绩，没有充分反映学生的创新能力和创新潜力。如今，高校应该倡导综合评价，注重培养学生的实践能力和创新能力，为学生提供展现自己创新能力的机会和平台。

3.加强与企业、社会等的合作，搭建创新人才培养的平台

高校可加强与企业的合作，让学生能够接触到真实的工作环境，了解实践和应用。同时，高校还可以通过与社会组织合作，给学生提供参与社会创新的机会，让学生在实践中得到锻炼。

4.加强教师队伍建设，提高教师的创新意识和创新能力

教师是培养创新人才的关键，他们要有广泛的知识背景和丰富的实践经验，才能够更好地激发学生的创新潜能，并引导他们健康成长。因此，高校应该加强教师的培训和教育，提供更多的培训机会和资源，培养教师的创新精神和创新能力。

（三）实现教育公平

在高等教育管理体制建设中，实现教育公平是一个重要的目标。教育公平是指每个人都有平等地接受教育的机会和权利，不论其社会经济背景、地域差异或其他因素。为了实现教育公平，需要采取一系列的措施。

1.建立健全招生与选拔制度

高校要确立公正的招生标准，通过考试、评估等方式综合考查学生的能力，并确保招生过程透明、公正，建立健全招生与选拔制度，这样才能更好地保证教育的公平性。

2.加强财政支持，确保高等教育资源的均衡分配

教育公平不仅仅在于机会的公平，还体现在资源的公平分配上。在高等教育管理体制建设中，应该通过政府的财政支持，建立和完善高校间的经费分配机制，使资源能够更加均衡地流向各个高校和地区。这样一来，不同地区的学生都能够享受到相对平等的教育资源，实现教育公平的目标。

3.强调教育质量的提升

高校教育管理组织可以加强教师的培训和专业能力的提升，可以提供良好的教学环境和资源，提高教育教学的质量，从而确保每个学生都能够受到高质量的教育。这种公平的教育有助于学生的健康成长，有助于教育公平目标的实现。

（四）促进学科发展

在高等教育管理体制建设中，促进学科发展被视为一个重要的目标。学科的发展是高等教育体系的核心内容，它直接关系到高等教育的质量和水平。因此，建设一个促进学科发展的管理体制尤为重要。

1.加强学科建设的规划和管理

在实施学科发展战略时，高校要明确学科的发展目标、发展方向和发展重点，针对不同学科的特点和需求，采取差异化的管理策略，促进各学科的全面发展。此外，高校要制定相应的学科发展规划，并实施科学有效的管理措施。

2.加强学科的组织和协调

学科发展需要各个学科之间的有机衔接和协同配合。高校可以通过建立学科联盟等方式，促进学科之间的合作与交流，提升学科的整体实力；还可以鼓励不同学科协同发展，从而提高学科的竞争力。

3.注重学科带头人的培养

学科带头人是学科发展的中坚力量，他们的能力和贡献直接影响着学科的发展水平。因此，高校应该注重学科带头人的选拔和培养，提供必要的支持和资源，激发他们的创新活力和工作热情。高校可以建立学科带头人的评价和奖励机制，从而进一步激发学科带头人的积极性，推动学科发展。

4.建立健全学科评估和监测体系

学科评估是衡量学科发展水平和质量的重要手段，它可以帮助高校发现学科存在的问题和不足，及时采取相应的措施。建立学科的监测体系可以帮助高校及时了解学科的发展动态和趋势，为学科的发展提供科学指导。

二、高等教育管理体制的建设原则

（一）依法治校原则

依法治校不仅是保证高等教育事业正常运行的基础，更是维护高等教育公平、公正、公开的重要保障。具体而言，依法治校要求高等教育机构必须依照国家法律法规、学校章程和相关管理规定开展各项教育教学工作。

依法治校要求高等教育机构必须遵守国家法律法规。高等教育是国家的重要事业，为了保证高等教育的质量和公平，各高等教育机构必须遵守国家关于高等教育的法律法规，确保教育教学的合法性和规范性。

依法治校要求高等教育机构必须遵守学校章程和相关管理规定。每所高等教育机构都有其自己的学校章程和管理规定，这些章程和规定旨在明确高等教育机构的组织架构、教育教学管理体系以及各类规章制度等。依法治校意味着严格按照学校章程和相关管理规定进行办学，确保高等教育机构的运行符合法律法规和规章制度的要求。

依法治校还要求高等教育机构保障师生的合法权益。高等教育机构作为教育教学的主要承担者，必须保障师生的合法权益，确保他们在教学、科研、评价等各个方面的权益得到充分保障和平等对待。依法治校还要求高等教育机构建立健全法律保障机制，及时解决师生在法律事务和纠纷等方面的问题，确保教学工作的顺利进行。

（二）服务社会原则

高等教育作为为社会培养人才的重要渠道，应当紧密结合社会需求，为社会服务，促进社会发展。

服务社会要求高等教育机构在人才培养中注重社会需求的反馈。高等教育应当紧密关注社会变革的需求，及时调整和优化专业设置，培养适应社会发展的人才。例如，在信息化时代，高等教育应注重对计算机科学、人工智能等相关专业人才的培养，以满足社会对这些领域人才的需求。

服务社会要求高等教育机构积极参与社会服务和社区建设。高等教育机构应当与社会各界建立稳定的合作关系，共同推动社会的发展和进步。例如，高校可以开展社会实践活动，为学生提供实践机会，同时也为社区提供人力支持和专业知识建议，推动社区的发展。

服务社会要求高等教育机构积极承担社会责任，为社会问题的解决提供支持。高等教育机构往往拥有高水平的专业人才，可以与政府、民间组织等合作，共同推动社会问题的解决。

服务社会还要求高等教育机构建立有效的校企合作机制。通过与企业的合作，高等教育机构可以更好地了解社会的需求和发展趋势，及时调整专业设置和教学内容。

（三）民主管理原则

民主管理原则体现了人本主义的理念，有助于提高高等教育管理的科学性、合理性和公正性。

高等教育机构应该通过校务委员会、教职工代表大会等渠道，广泛听取各方意见，审慎权衡利弊，形成决策；在制定重大政策、项目计划和预算等方面，应充分尊重各方利益；建立健全高校内外部关系的沟通渠道，倡导开放透明的管理方式，增进与师生、家长、校友等各方面的互动，共同推动高等教育事业的发展。

学术自由和学术民主是民主管理原则的基石，高校应该遵循学术界的自主性，为教师的学术独立和学术合作提供帮助。高校管理者应该尊重教师的学术权益，为其提供学术研究与创新的空间和条件，并鼓励教师积极参与学术讨论、学术交流和学术评议等活动，促进学术氛围的形成和学术水平的提升。

学生是高等教育的主要参与者之一，应该在高等教育管理中发挥积极的作用。高校管理者应该倾听学生的意见和需求，设立学生代表机构，为学生提供参与决策和管理的机会，加强对学生的教育和培养，培养他们的参与意识、责任感和承担能力，使他们成为自主、创新、负责任的社会公民。

高校可以建立监督机构，加强对高校内外的监督力度，确保高等教育管理的公正性和透明度。另外，高校应建立健全反馈机制，及时听取和采纳各方面的建议和意见，对管理决策和政策进行调整和改进，提高高等教育管理的效能和质量。

（四）教师主体原则

教师主体原则强调教师在高等教育机构中的重要地位和作用，以及教师在高等教育发展中的主体性和创造性。教师主体原则对于提高高等教育教学质量、推动教育创新与改革具有重要意义。

教师主体原则强调教师应成为高等教育教学改革的主要推动者和实施者。作为高等教育教学的核心力量，教师应该拥有更多的自主权和决策权，能够在教学过程中灵活运用教学方法，以适应学生的需求和时代发展的要求。教师主体原则要求高等教育机构为教师提供良好的教学环境，激发教师的教学热情和创造力。

教师主体原则强调高等教育机构应重视教师的发展和培养。高等教育机构应加强教师的培训，给教师提供各种专业发展和成长的机会，以提高教师的专业素养和教学能力。高等教育机构还应建立健全激励机制，激励教师积极参与教育创新和改革，不断提升教学质量。

教师主体原则强调高等教育管理体制应注重师德建设。教师是社会的灵魂和人才的培养者，他们应当具备高尚的师德修养和道德素质。高等教育管理体制应加强对教师师德建设的引导，建立健全师德评价制度和监督机制，激发教师的责任心和使命感。

教师主体原则强调高等教育管理体制应确保教师的权益。教师作为高等教育机构的核心成员，应享受平等的待遇和合理的权益保障。高等教育管理体制应完善教师管理政策和制度，确保教师的工资待遇合理、晋升机制公平，并为教师提供开展科研和学术交流的机会，以进一步提升教师的专业水平。

三、高等教育管理体制优化

（一）优化管理决策机制

1.建立科学合理的管理决策流程

管理决策流程涉及决策的主体、决策的程序和决策的依据等。在高等教育管理中，决策的主体包括各级管理部门和高校领导层，他们需要在制定决策时充分考虑各方面的利益；决策的程序应该是透明的、参与度高的，应充分发挥专家和相关人员的作用，确保决策的科学性和公正性；决策的依据应该是充分的。不断完善数据收集和分析的能力，才能更好地确保决策的准确性和有效性。

2.强化管理决策的风险评估和预警机制

在高等教育管理中，难免会遇到风险和挑战。为了及时应对和处理这些风险，需要建立健全风险评估和预警机制，以对教育市场、高校内部运行、师生关系等方面的风险进行分析和评估，及时发现潜在的问题和危险。此外，高校还应加强对管理决策风险的调控和管理，制定相应的应对措施，避免或减少风险对高等教育管理体制的影响。

3.加强对管理决策的信息化支持

随着信息技术的迅猛发展，信息化已经成为高等教育管理的重要手段和方式。高校可以利用数据分析和管理系统，对决策相关的数据进行收集、整理和分析，提供决策所需的信息支持。同时，在高等教育管理中应用信息技术有助于提高决策的效率和准确性。

因此，在优化管理决策机制的过程中，高校需要加大对信息化建设的投入，不断提升管理决策的智能化水平。

（二）提升管理效率

在高等教育管理体制优化的过程中，提升管理效率是很重要的一方面。管理效率的提升可以让高校管理者更好地履行其职责，提供更高质量的教育服务，并为学生和教职工创造更好的学习和工作环境。

为了提升管理效率，高等教育机构需要引入先进的技术和信息系统。现代技术的广泛应用可以使管理流程更自动化和高效化。比如，高校可以建立一套完善的学生信息管理系统，以实现学生信息的电子化管理和查询。这样一来，高校管理部门可以更迅速地获取学生的各种信息，更好地掌握学生的学习情况和需求，进而采取精准的管理措施。高校管理部门也可以通过引入先进的办公软件、网络协同工具等进行高效管理。

高等教育机构可以通过优化管理流程来提升管理效率。管理流程的优化可以使各个环节更加紧密衔接、有机协调。例如，高校可以通过制定明确的工作流程和规范化的操作标准来减少冗余和重复的工作，避免资源的浪费。此外，高等教育机构还可以建立一套科学有效的管理评估和考核机制，对管理绩效进行定期监测和评估，及时发现问题和不足。通过这些措施，高等教育机构可以更好地提高管理效率，推动管理工作的科学化、规范化。

高等教育机构可以加强人力资源管理，培养和选拔具有优秀管理能力的人才。人力资源是一个组织的核心资源，具备高水平管理能力的人才是提高管理效率的重要保障。因此，高等教育机构可以制定相关政策和措施，通过培训、选拔等方式激发管理者的潜能，提升管理团队的水平。

（三）构建和谐的校园环境

1.注重学生的全面发展

高校应以培养积极向上、适应社会需求的人才为目标，注重学生的全面发展。可以加强学生成长环境的建设，为学生提供丰富多样的发展机会，从而帮助学生发展他们的兴趣爱好，提高他们的综合能力。这将有助于营造积极向上的学习氛围，使校园成为一个充满活力的地方。

2.重视学生参与决策和管理的权利

高校应鼓励学生参与高校事务的决策过程,并为他们提供一个发表意见和建议的平台,从而增强学生的责任感和主人翁精神,提高他们的参与度和满意度。这也有利于加强高校与学生之间的沟通,从而促进和谐校园关系的形成。

3.注重师生关系的建立和发展

在高等教育管理体制中,加强师资队伍建设、提高教师的教学水平和专业素养是很重要的。高校应该为教师提供合理的工作环境和晋升机制,激发他们的积极性和创造力,积极改善师生关系,增进教师与学生之间的信任和理解,建立良好的师生关系网,为和谐校园环境的建设奠定基础。

4.注重校园文化的培育和传承

高等教育管理体制应该加强校园文化建设,提供丰富多样的文化活动和资源,鼓励学生参与其中。校园文化是以学生为主体,以课外文化活动为主要内容,以校园为主要空间,涵盖院校领导、教职工在内,以校园精神为主要特征的一种群体文化。校园文化是社会整体文化的一部分。通过校园文化建设,高校可以增强学生的归属感和凝聚力,从而构建和谐的校园环境,推动全校师生共同发展。

第三章 高等教育管理系统构建

第一节 高等教育管理系统概述

一、高等教育管理系统的概念

现代高等教育的职能主要包括人才培养、科学研究、社会服务三大部分，围绕这些职能目标，高等教育管理要不断地进行教育管理模式、方法的改革，优化教育管理过程中的各环节，使有限的教育资源得到合理的开发和配置，以提高教育质量和办学效益，实现高等教育的职能目标。在高等教育管理改革进程中，引入系统科学的概念对于推动高等教育管理科学化、现代化具有十分重要的意义。

（一）系统的概念

系统的概念在古代就产生了，古希腊哲学家亚里士多德提出了"整体大于部分的总和"这一系统论的基本命题。古代萌芽的系统观念在近代特别是现代趋于成熟，许多人，如康德、黑格尔等都为之做出了贡献。马克思虽未研究过系统理论，但他却研究了世界上最复杂的系统——人类社会。一些西方学者认为，马克思第一次将系统方法应用于社会历史的研究，是"社会科学中现代系统方法的始祖"。20世纪30年代，美籍奥地利生物学家路德维希·冯·贝塔朗菲在现代科学的基础上提出了一般系统论。他指出，在系统论的创立过程中，马克思和黑格尔的辩证法起过重大的作用。

那么，究竟什么是系统？有人把系统规定为有组织和被组织化的全体，还有人认为系统是以规则的相互作用又相互依存的形式结合着的对象的集合，而目前对之普遍认同的界定是指由相互联系、相互作用的若干要素按一定方式组成的、有特定功能的、统一的整体。系统的规模大小是不同的，并且有层次之分：大至宇宙太空，有总星系、银河系、太阳系等不同的系统；小至微观世界，有原子核和电子组成的原子系统，原子核又是由中子和质子组成的系统。生物界也是一个系统，许许多多门类种属是生物界系统中的各个子系统，每个生物有机体又都是一个系统，甚至每一个单细胞生物也是一个系统，它是由细胞核、细胞质、细胞膜等组成的系统。可以说，自然界从无机物到有机物都是以系统的形式存在着的。

（二）管理系统的概念

管理系统就是把管理对象看作一个系统，用系统的方法来研究管理问题。系统理论在总结传统的管理思想经验的基础上，对管理提出了许多新的概念。主要包括以下五个方面：

第一，整体优化的概念。一切工作都要从整体目标出发，而不是从局部出发。为了整体目标的实现，局部利益必须服从整体目标。

第二，结构概念，又称为合理组合。整体优化来源于结构的变化或结构的调整。管理者面对有限资源和约束条件，只有采取结构重组和对资源的合理配置，才能达到整体优化的目的。

第三，开放和闭合的统一概念。在系统与环境之间以及各个系统之间必须开放，通过开放达到相互交流物质、能量和信息的目的，以得到发展。

第四，动态平衡概念。每个管理者都要构建一个稳定、平衡、有序的环境。

第五，信息反馈概念。信息反馈是信息传递的一条线路。它把输出的信息一部分再输送回来，以便对原来规定的目标值或标准进行比较。通过偏差分析证明是负反馈还是正反馈，然后管理者再采取调整措施，以达到整体优化的目的。

系统方法就是按照系统科学的观点和理论，把研究对象视为系统来解决认识和实践中的各种问题的方法的总称。系统方法要求人们把研究对象看作一个整体，把事物的普遍联系和永恒发展看成一个总体过程，全面把握和控制对象，综合探索系统中的要素与要素、要素与系统、系统与环境、系统与系统的相互作用和变化规律，以便有效地认识和改造对象。系统方法主要包括信息方法、控制方法、反馈方法、系统分析方法、系统决策方法等。它们在自然科学、技术科学、社会科学、管理科学等多个领域，都有着极为广泛的应用。用系统方法进行研究，不仅给系统科学的学科群提供了方法论的支撑，而且为其他学科的研究发展开辟了一种新的认识方法和思维方法。

(三) 高等教育管理系统

在系统理论的视野下,现代高等教育是一个开放的、复杂的多元化系统,它不是孤立地存在于社会整体之中,而是要与社会中的其他子系统相互联系、相互作用、相互渗透。它与社会大系统之间保持着密切的人力、资源、信息交换关系。同时,高等教育系统内部又由各个子系统构成,高等教育系统本身具有整体性和独立性。子系统各个要素之间的不同联系组成了高校组织系统中的不同结构,对高校组织系统发挥出各自不同的、不可或缺的功能。

系统理论已经渗透到高等教育管理的各个环节之中。高等教育系统由许多相互作用的元素构成,它们在结构形式、目的、态度、动机、状态等方面相互影响。要使高等教育系统发挥最理想的作用,就必须对这些元素加以适当控制和安排,使它们各得其所,而这正是系统理论的一个重要应用。系统理论通过系统分析和运筹学,运用线路、序列调整、减少排队等方法寻找高等教育管理的最优化方案,使高等教育管理更加科学、规范。同时,系统理论强调"整体大于部分之和",整体性是系统思想和系统方法的核心和基础,是系统思想的一个基本定律,这个原则运用到高等教育管理工作中就是强调系统的整体性,强调高等教育的全局性,坚持局部服从整体的原则。高等教育管理系统就是指用系统的思想来处理、协调和控制高等教育系统各要素之间的相互关系,从而达到高等教育系统的整体优化和高效运转。

二、高等教育管理系统的基本要素

系统是相互作用和相互联系的各种要素组成的整体。值得注意的是,这里的要素,并不完全等同于元素。元素是构成系统最基本和最原始的、一般不可再分的、彼此之间又具有相对独立性的要素;要素则表示系统的各种组成部分,它可以是元素,也可以是若干元素的组合,还可以是系统元素之间形成的某种关系。系统是由要素组成的,要认识一个系统,就需要了解系统的各种要素。

高等教育管理系统的基本要素,可以从以下几方面来分析:

(一) 管理主体

管理主体即管理者——承担管理责任、具有管理能力和从事管理活动的人或一定的组织机构，它回答"谁来管"的问题。在高等教育管理系统中，构成高等教育管理活动的主体是极为复杂的，并不是在任何条件下都是作为主体而存在的。在一定的条件下，此一时的主体可能是彼一时的客体。在具体的高等教育管理系统中，谁是主体要做具体的分析。高等教育管理系统的主体包括：高等教育行政主体、高等教育办学主体、高等教育经营主体、高等教育教学主体、高等教育学习主体。

高等教育行政主体是指对高等教育活动行使领导管理权的政府教育行政机构，它依法拥有高等教育的决策统筹权。高等教育办学主体是指高等教育机构的创立者，或依法负责创立者所创立的高等教育机构的继任者，他依法拥有高等教育机构的产权。高等教育经营主体是指高等教育机构的具体经办、管理者，他受办学者委托，全面负责高校的经营管理工作，他依法拥有高等教育机构的经营权。高等教育教学主体是指高校的教育者。广义的教育者包括教师和教学辅助人员，狭义的教育者仅指教师。教师在高校中开展教育教学改革和实践，从事科学研究、学术交流，参加专业学术团体，在学术活动中可充分发表意见，指导学生的学习和发展，评定学生的品行和成绩。高等教育学习主体是学生。学生是受教育的对象，依法享有参加教育教学安排的各种活动，使用高校教学设施、图书资料的权利，并对高校的管理具有发表意见和建议的权利。

(二) 管理客体

管理客体是指高等教育管理系统中特定主体实践活动的作用对象，它回答"管什么"的问题。从管理活动的本义来说，管理活动是作为人们的一定社会职能活动的协调活动出现的，管理活动的基本作用对象便是这种社会职能活动中的主体。但由于人与自身活动之间、人与某些社会组织之间、人的活动与相应的物质条件和一定的时空之间的关系密不可分，因此在实际管理中，管理活动的作用对象不仅仅是人，还会包括这种社会职能活动中的其他各种要素，如一定的社会组织、有关的物质要素以及时间、信息等。由于高等教育管理主体的多样性，能够纳入高等教育管理系统的客体也表现出多样性。由于高等教育的层次性，高等教育管理活动的主体和客体的区分是相对的。就具体的管理活动而言，在一种关系、一种层次上是主体，而在另一种关系、另一种层次上又是客体。例如，国家教育行政主体是教育部，各省市教育主管部门是接受教育部领导的客体，但是相对于各省市所属的高校而言，它又是高等教育行政的主体。高等教育管理系统主客体区分的复杂性、相对性并不否认主体和客体区分的确定性。只要具体的范围、关系、系统确定了，高等教育管理活动的主、客体区分和确定也就迎刃而解了。从这一角度来说，高等教育管理对象可以包括高校办学活动的各种要素，它至少应当包括三个方面：一是高校的组织体系；二是高校的各种社会职能活动；三是高校办学活动中（包括人、财、物在内）的各种有关资源。

（三）管理方式

管理方式是管理主体和管理客体之间的相互联系和作用的方式，或者说是这种相互联系和相互作用的各种中介的总和，它回答"怎样管"的问题。在高等教育管理活动中，高等教育管理活动的主体一方面根据一定的目的、计划、意志、愿望作用于活动的客体，证实自身存在的价值；另一方面又接受周围环境及客体对自身的影响，改变自身存在的价值。高等教育管理活动中的主、客体之间的相互作用使得高等教育管理系统的各要素得以彼此结合，离开了主体的实践活动，高等教育管理系统的主体、客体、各种活动条件都将成为静态的、孤立的要素。因此，高等教育管理系统主客体之间的相互作用是构成高等教育管理系统各种要素彼此结合起来的唯一方式。方式的内涵是极其复杂和极其丰富的，一般来说，它可以包括管理活动的方法、手段、模式、体制、风格等。例如，高校的管理方式反映在高校的管理领导体制、领导者的工作作风、管理的具体方法和技术手段等各个方面。

（四）管理目的

管理目的是指高等教育管理主体通过管理活动期望达到的结果。它回答"为什么管"的问题。所期望达到的这种结果，在最终意义上并非管理者活动的直接结果，而是管理客体活动和变化的直接结果，就像交响乐主要是交响乐队演奏的直接结果，而并非乐队指挥活动的直接结果一样。因而，对于一定的社会组织而言，组织中的管理目的与组织的职能活动目的基本是相同的。但是，组织管理活动的某些直接目标或阶段性目标，如构建适当的组织体系、确立有效的组织活动机制等，又有别于组织的职能活动目的。高校的管理目的，最终而言，就是高校的办学目的，这种目的的实现主要取决于广大师生员工的活动，特别是作为教育科研活动主体的教师的努力。因而管理活动首先或最直接的目的，便是充分调动和激发全校广大师生员工特别是教师的积极性、主动性和创造性。

（五）管理环境

　　管理环境一般指系统存在的外部条件。教育作为社会母系统中的一个子系统，必然要与社会的其他子系统进行功能交换、信息交流，而且与社会的政治、经济、文化等方面存在着纷繁复杂的横向联系，这种联系是立体网络式、双向复合的制约关系，比如系统的输出与输入之间的关系，系统之间的层次关系，系统的所有组成部分中的参数和变量与系统特定功能之间的联系，这些都表示系统的相互作用和相互依赖的有机联系。教育、政治、经济、文化等各个因素，在社会母系统中不仅是各自独立的子系统，而且是组成母系统的有机成员。教育不仅与政治、经济、文化等发生相互作用，也同社会环境处在有机联系之中。这就要求我们必须从综合的角度研究教育，这样才能对教育的社会价值做出合理的说明，也就是在教育与社会的关系这一问题上，不仅需要考察教育同政治、经济、文化等因素的联系，还要多层次地理解其中每个因素对教育的作用。高等教育管理系统与环境的接触界面无疑是系统不可忽视的重要组成部分。特别是对于管理活动来说，一方面，管理活动的重要职能之一就是调节系统与外部环境之间的关系；另一方面，在现实世界中，任何管理活动系统都不可能是一种完全封闭的系统，在管理活动过程中，系统内部的各种要素都要受到外部环境因素的影响。因此，系统与环境的关系也应该是管理活动中不可忽略的一个基本要素。

　　根据高等教育管理系统基本要素的分析，我们可以这样认为：所谓管理，即管理主体在一定环境下以一定方式对管理对象施加作用，以达到预期目标的活动或过程。高等教育管理即高等教育管理者在一定社会环境下根据高等教育的目的，对高等教育系统中的各种管理要素施加一定的作用，以保证高等教育目的的实现。

三、高等教育管理系统的特征

　　系统思维方法是指系统科学为人们提供一种以整体性、综合性、动态性、开放性等为原则来解决多因素、动态多变的复杂系统问题的科学思维方法。用系统的方法来分析高等教育管理系统，可以看出高等教育管理系统具有以下几个特征：

（一）高等教育管理系统的整体性

系统科学认为，整体性是系统最基本和最主要的特征之一。因此，系统思维方式着重从整体上去揭示系统的结构与功能、系统内部各要素之间以及系统与环境之间的关系。一方面，系统科学要求把系统看作各要素以一定的联系组成的一个有机整体，在处理系统的各个组成部分之间的联系时把它们放在整体中考察；另一方面，系统科学认为系统"整体大于部分的总和"。构成整体的系统具有各部分所不具备的新的特点、新的性能。这对于理解和处理组织性、复杂性、不确定性的问题是非常重要的。高等教育管理也是一个系统，系统各个组成部分之间的相互联系和相互作用，以及系统与社会环境的相互联系、相互作用，使得社会环境、系统、系统内部各个组成部分有机地协调起来，通过结构的优化，达到提高整体效益的目的。因此，高等教育管理者要适应经济、科技和社会的发展趋势，把德育、智育、体育、美育、劳动教育等有机地统一在教育活动的各个环节中，形成一个整体的教育，同时还要从整体和部分、结构和功能、存在和演化等多角度进行全方位的立体研究，促使高等教育各方面相互渗透、协调发展，从而实现高等教育的目标。

（二）高等教育管理系统的综合性

综合性是系统思维十分重要的一个特征，它包括三方面的含义：一是指系统目标的多样性和综合性；二是指处理系统问题时要全面综合考虑一项措施引起的多方面的后果；三是指解决同一个问题可以采用不同的方法。高等教育管理系统是一个多目标系统。整个系统具有政治功能、经济功能和文化功能，承担培养专门人才、开展科学研究和为社会服务三项基本职能。同时，高等教育管理系统的目标还是分层次的，系统的目标也随着时代的发展和社会的进步而不断变化发展，目标之间也存在辩证的互动关系。在高等教育管理活动中采取的方法或措施有可能产生预期的效果，也有可能带来意想不到的后果，因此，在高等教育管理过程中，进行政策分析和方案选择时对各种可能的结果要进行综合考虑，尽可能地消除不利影响。

（三）高等教育管理系统的层次性

层次性是系统的一个主要特性，是指系统和要素（或子系统）之间客观存在的地位、等级和相互关系。系统科学告诉我们，系统的各层次子系统具有不同的结构和性能特点，高级层次在系统中居主导地位。系统整体的性能主要是由其最高级层次的结构和性能决定的。同时，系统科学要求我们正确分析系统的层次关系，既要考虑纵向层次的支配与被支配、作用与反作用关系，还要考虑横向的相互作用。在高等教育管理系统中，层次性要求管理活动要抓主要矛盾，分层次和分等级思考。这是因为，一方面，高等教育管理系统由不同层次构成，不同层次又发挥着不同的功能和作用。用层次性来揭示高等教育管理系统纵向的等级性，不仅可以考察不同层次水平的共性，也能发现其个性。另一方面，高等教育管理系统又是由不同方面构成的，且呈现多样性的特征，在纷繁复杂的系统矛盾中要善于抓主要矛盾和矛盾的主要方面。

（四）高等教育管理系统的动态性

系统是作为过程而存在的，有相对静止性和相对稳定性，且有发生、发展和灭亡的历史。系统的运动、变化和发展有其自身固有的规律。高等教育管理系统作为整个人类社会的一个子系统，是人类社会发展到一定历史时期的产物，同时它不是一成不变的，而是伴随着人类社会的发展而不断发展变化的。一方面，它受制于社会政治、经济、科技和文化的发展变化而要不断地调整和变革；另一方面，它又沿着自身发展的内在逻辑性而不停地发展变化。分析高等教育管理系统时，就要将其置于当前社会发展的大环境中，同时也要从整个社会历史发展的大背景下来考虑其历史性、动态性和发展性，不仅要注意到它变化发展的方向和趋势、活动的速度和方式，而且要探讨它们变化发展的动力、原因和规律，从动态的观点来考察其变化，从中探索和总结高等教育管理的发展规律。

（五）高等教育管理系统的开放性

高等教育管理系统必然受到外部环境的影响，系统思维把所考察的系统视为开放系统，认为任何具体系统作为一个整体都不是孤立存在的，而总是处在一定的环境之中，与环境（也就是其他系统）之间不断地进行着物质、能量和信息的交换，存在着相互联系和相互作用。高等教育的基本功能是为社会的各个部门培养专门人才，提供科学研究成果。为此，它首先必须获得社会有关方面的投入，再通过自身的有效运行，向社会输出专门人才和科学研究成果，即产出。同时，它必须同经济、政治、文化、科学等系统交流不断变化的信息，受社会各有关系统制约并为之提供服务，以便在主动适应外部环境的变化中获得社会的支持并增强自身的活力，发挥自身的功能，实现自身的价值。鉴于高等教育的这种开放性，高等教育管理系统作为整个社会的一个子系统，同样是一个复杂的、具有多层结构的开放系统，它比其他系统更需要同环境的方方面面进行物质、能量和信息的交换。

系统方法一直把系统看成动态的"活系统"，虽然在科学研究中，人们经常采用理想的"孤立系统"或"闭合系统"，但是实际存在的系统总是动态的，永远处于运动变化之中，在运动中持续地与外界进行信息与能量的交流，维持系统组织的活力。高等教育管理系统本身的功能决定了它需要形成开放的系统，在高等教育机构与社会有机体的协调互动中实现系统优化。

第二节 宏观与微观高等教育管理系统

一、宏观高等教育管理系统

宏观高等教育管理系统是根据宏观管理的功能要素形成的。宏观高等教育管理系统的结构主要是对高等教育发展战略、高等教育组织办学方向、学科发展、教育质量等的规划和控制管理，它主要表现为高等教育的行政管理。

高等教育行政管理是国家教育行政部门依据高等教育发展的规律和国家高等教育的目的，有计划地协调整个高等教育系统的各种关系和资源，确保国家培养高层次人才目标实现的过程。高等教育行政管理解决的是政府教育行政部门和高校之间的关系问题。它是高等教育管理中具有全局性的组织制度，具体包括机构设置、权责划分、领导关系及管理方式等。同时，它也是决定高校管理的前提，规定了行政部门和高校的工作职责和管理范围。在我国，高等教育行政管理是国家教育行政的重要组成部分，是国家教育行政机关为实现高等教育目的，使高等教育有组织、有系统地开展，依法对各类高等教育事业和所属高等教育机构进行的经济而有效的领导和管理活动。具体地讲，可以从以下几个方面来理解：

(1) 高等教育的两级行政管理

高等教育行政活动的主体是国家和地方政府教育行政机关，即中央教育行政机关和地方教育行政机关。中央教育行政机关和地方教育行政机关是领导与被领导的关系，地方教育行政机关接受上级教育行政机关和本级政府的双重领导；同时，地方教育行政机关又对本地的教育组织行使宪法赋予的管理权，它本身具有一定的自主权。

(2) 高等教育行政管理的目的

高等教育行政管理的目的是实现国家法律规定的教育目的，保障公民接受高等教育的基本权利，培养国家所需要的各类专门人才。因此，国家对高等教育具有管理的权利，这种权利更多地体现为管理的责任和服务的义务。高等教育行政管理应当为实现高等教育目的创造必要的条件，以保障高等教育事业的发展和教育改革的成功。

(3) 高等教育行政管理的作用

高等教育行政管理的作用在于通过实施《中华人民共和国高等教育法》和有关法律法规、教育政策来规范高等教育行为，通过一些手段和方法来调动高校各方面的积极性，使高等教育活动有组织、有系统地展开，经济、规范地运行，保证国家高等教育目标的实现。

(4) 高等教育行政管理的下位概念和上位概念

高等教育的行政管理主要体现为教育部和地方教育行政部门对高等教育组织进行管理，这些方面的管理构成了高等教育行政管理的下位概念，这些下位概念整合构成了高等教育行政管理的内容。

高等教育行政管理的具体内容包括：申办高校审批的管理、学科专业设置的管理、学位与毕业证书的管理、办学方向的管理、高校领导班子的管理、办学规模与层次的管理、办学经费管理、教育质量的管理、科学研究的管理、招生与就业的管理、政治与国防教育的管理等。当然，高等教育行政管理的下位概念有些也可以说是中观管理概念。

既然有下位概念，那么上位概念是什么呢？有学者将上位概念视为一个国家和地区的高等教育战略管理。这种战略管理的含义大致有以下几个方面：

第一，各时期国家高等教育发展目标与发展规划的管理。

第二，国家高等教育布局、区域发展的协调管理。

第三，国家高等教育发展的调控管理，包括政治方向、教育立法、教育发展（层次、规模、速度）、国家教育投资等的管理。

总体而言，宏观高等教育管理系统的表现形式是比较简单的。从系统的性质来看，它主要实施的是规划、决策、监控。规划和决策是一种行政权力性组织管理活动，利用专家系统和组织系统按照政策法规办事就可以解决问题；而监控涉及具体的微观管理活动的方方面面，有时间、程序、规范、机制方面的管理活动，因此有必要成为一个系统。

宏观高等教育管理系统主要表现在战略规划与监控调节方面，而管理活动的一项重要内容是反映监控系统运行的好坏，因为监控的结果直接影响规划和决策的落实。

高等教育宏观管理体制并非空中楼阁，它是在本国的国家体制、社会背景、历史传统等的基础上发展起来的。因此，不存在哪一种模式比另一种模式更好的问题，只存在哪一种模式更适合本国国情的问题。

在我国，高等教育宏观管理应该注意以下两个方面：

一是应该实行统一领导、宏观指导、分级管理的体制。我国地域辽阔，区域经济发展不平衡。在现有综合国力的条件下，要取得教育事业的更大发展，高等教育行政管理必须实行统一领导，在加强中央宏观控制和指导的同时，真正地把发展多样性的高等教育（如部分以面向地方服务为主的普通高等教育、高等职业教育等）的责任和权力交给地方，调动社会各方力量办高等教育的积极性，形成分级管理、分级办学的完整体系。

二是高等教育行政管理应该坚持法律化和民主化。高等教育行政管理体制改革的主要问题不单单是一个管理权限的下放调整问题，关键在于制定和有效地执行《中华人民共和国高等教育法》及相关法律法规。我们要坚持我国高等教育管理中的一些好的做法，如遵循民主集中制原则，同时借鉴一些其他国家高等教育管理中的优秀经验，这样才能有效地提高高等教育行政管理的质量、水平、效益。

二、微观高等教育管理系统

微观高等教育管理是指实施高等教育活动的高等教育组织，依据高等教育目的和高等教育发展的一般规律，有意识地调节组织内外的各种关系和资源，以有效地达到既定的高等教育系统目的的过程。它是高等教育管理系统中的下位主体系统，涉及具体的高等教育管理活动，可塑性大，可作为性强，是我们研究的重点。

这里的高等教育组织主要是指高校，但不等同于高校，因为高等教育组织除高校外，还有高等教育科研机构、高等教育咨询服务机构等其他组织。不过，目前常见的该类型研究一般指高校组织管理的研究，以及由此形成的高等教育管理系统的研究。

(一)高校内部管理的依据

1.高等教育组织运作的一般规律

高等教育组织运作的一般规律包括以下两个方面：

一是高校的办学与经济社会协调发展的规律。具体来讲，教育的规模、结构、质量可通过人才培养、科学研究的社会效益反映出来，高等教育组织要在高等教育行政管理之下有效地发挥自己的职能，表现为与系统的关联性和与外部的适应性。

二是高等教育活动与高校客观功能的发挥相适应。高校的社会定位确定了这所高校的功能，这就是高校的客观功能。培养各级各类高级专门人才的教育功能是高校的核心功能，而研究型高校还非常重视科学技术创新、知识创新等功能。

2.高等教育的目的

高等教育最根本的目的是培养德智体美劳全面发展的社会主义建设者和接班人，高校的一切教育活动都应围绕这一目的展开。因此，高校管理必须依据这一目的，实施符合教育规律，有我国特色、高校特点的管理方式。高校的教学管理、科学研究与学科专业建设的管理、高校党务管理、高校行政管理、高校后勤管理等必须围绕这一目的开展，否则，高校管理就会失去目标，偏离方向。

(二)高校内部管理系统

高校内部管理系统的划分没有明确的规定，一般来讲，可以分为行政管理系统、党务管理系统、后勤管理系统和其他管理系统。其中，行政管理系统主要是日常的人、财、物等教育资源的管理调配系统，以及各项行政活动的计划、组织、协调、监督管理等系统。党务管理系统体现了高校办学方向，是党对基层组织领导的保障系统，主要通过思想政治、社团等工作，调动各方积极性，促进高校办学目标的实现。后勤管理系统是支撑高校生活服务保障的系统。

1.行政管理系统

高校的行政及直属部门管理系统可以分为四个部分：

第一部分是教学管理系统与科研管理系统。它们是高校行政管理系统中的两个主要的子系统，之所以说它们是两个主要的管理子系统，是因为它们是高校内部管理的最主要的功能性系统，高校的教育性功能和科学研究性功能都反映在这两个子系统上。

第二部分是教学和科研的主要支撑系统，即人力资源管理系统、财务管理系统、资产管理系统。

第三部分是行政协调和监督系统，即高校办公室、监察审计部门等。

第四部分是根据高校发展需要设置的行政直属系统及临时系统。

（1）教学管理系统与科研管理系统

高校教学管理是指高校在一定的时间和空间内，为了实现一定的教学目标，合理有效地调配高校中的人、财、物，以保证教育教学与人才培养的质量，最终达到教育教学目标的行为过程。

目前，我国高校设置的教学组织通常是院（系），院（系）下设教研室（组）。除此之外，随着社会的发展，一些高校开始设置学部。有的高校是以学科专业来设置教学组织的，通过学科带头人来行使组织管理与实施教学工作的职能。高校内部的教学组织系统一般是由高校的教务处和院（系）下设的教研室（组）组成的，一般高校为校院（系）两级管理。

教务处在主管校长的领导下协调全校的教学活动，通过制度进行管理，是高校教学管理的职能部门，其主要工作职责有以下几点：

第一，专业和人才培养计划的管理。根据高校发展规划和发展定位，论证和申办新专业，调整旧专业。按照专业培养的目标要求，制订人才培养计划。

第二，组织教学计划的实施，进行教学的日常管理。修订年度教学计划，修订课程教学大纲，提出课程教学要求；下达年度教学计划，编制校历，协调教学资源，按照教学环节的目标要求进行过程管理。

第三，教学制度的管理。制定教学的各项规章制度，包括教学管理人员、教学人员的管理制度，各教学组织单位的管理制度，学生的学习管理制度，学位证书、毕业证书的管理制度，与教学相关的其他制度等。

第四，教学质量管理。对各个教学环节进行过程控制，组织期中教学检查，组织年度教学工作考核，确保教学活动的正常进行；开展教学研究，建立和完善教学管理的有效工作机制，促进教学质量的提高；开展品牌专业、精品课程的评估评选活动，保证专业人才培养的质量。

教学院（系）落实高校下达的各项教学任务，具体实施本院（系）专业的教学活动，以教书育人为目的，调动本院（系）师生共同参与教学的积极性，把人才培养质量的具体指标落到实处，把教学的投入产出工作做到实处。

高校的专业建设是保证教育教学质量的重要手段。高校的专业建设主要是专业教育的建设，具体反映在人才规格要求、课程结构、教材及课程内容、条件平台、教学方法及手段、师资队伍等方面。它根据社会对人才的要求，不断地调整人才培养的目标，不断地更新教育教学内容，不断地改进教育教学方法，优化课程设置，形成合理的课程结构与体系。

教学管理是高校人才培养管理的重要组成部分，是在教学活动过程中实现的。实施教学质量管理和制定科学的教学管理制度，形成全方位的质量保障机制，是高校教学活动成功的关键。

高校科研管理是与学科建设相关联的，是指高校在特定的时空范围内，依据科技发展和高校科研的特殊规律，为实现特定的科研创新目标，合理有效地调配人、财、物，以适应高校内外环境的变化，最终达到科研目标的行为过程，并由此形成了科研管理系统。我国高校的科研管理工作，由校（院）长或主管科研工作的副校（院）长负责，主管全校科研工作的职能部门是科研处，各院（系）分管科研工作的领导根据高校的科研目标任务，有步骤地实施科研计划。

科研处的工作职责主要包括以下几个方面：

第一，科研计划管理。编制科研中的长远计划，编制近期工作计划。

第二，科研组织与制度管理。代表高校制定科研管理政策，组织申报各级科研项目，组织评审科研成果，组织科研成果奖励的申报，组织科学技术成果的推广，组织科研信息及学术的交流，提供科研方面的信息服务。

第三，其他管理。学术委员会或科学委员会的组织服务工作，专利事务的日常工作，协调科研团队培育科研创新的工作，科研事务的其他工作等。

院（系）主要根据高校的科研目标的总体要求，分步实施科研计划，以较好地完成高校对院（系）的科研投入与产出。

（2）教学和科研的主要支撑系统

第一，人力资源管理系统。它是指组织或社会团体运用系统学理论方法，对组织人力资源的方方面面进行分析、规划、实施、调整，做好人才的引进、培养、考核、晋升等工作，并通过相关制度调配人才，提高人力资源管理水平，使人力资源有效服务于组织或团体目标。

第二，财务管理系统。它通过预算、决算和财务制度的管理，量入为出，对各项财务的支出进行有效的控制和管理。高校内部的财务管理有的实行的是高校高度集中管理，有的实行的是两级管理。高校的经营部门实行的则是独立核算的管理方式。

第三，资产管理系统。现代高校的资产分为有形资产和无形资产：有形资产是实物性资产，包括地产、房产、教学科研仪器设备、生产生活设备等；无形资产则包括高校的校名、高校在多年的办学过程中形成的文化品牌、注册的商标等知识产权方面的资产。

（3）行政协调和监督系统

一般而言，高校办公室、监察审计部门等为高校的行政协调和监督部门，由此构成行政协调和监督系统。

（4）行政直属系统及临时系统

根据工作要求的不同，高校设置的发展规划部门、政策法规部门、教育研究部门、图书馆、期刊社，以及其他直属部门等构成了高校的行政直属系统。

有的高校设有专门的或临时的直属管理部门，也有的高校将这些单位挂靠在某个职能部门之下。

2.党务管理系统

党务管理系统是国家为了对高校进行政治领导，根据工作职能所设置的党务工作机构，并形成了一套管理系统。该系统通过党的组织部门、宣传部门、纪律检查部门，保证了党对高校的绝对领导，保证了高校的办学方向，保证了高校把党的办学方针政策落到实处；通过工会、共青团、妇联等社团组织，调动广大教职工的办学积极性，为完成高校的发展目标做好政治思想保障工作。

除了学校一级的党务工作部门，高校还在院（系）和有一定党员人数的单位设立党的基层组织。

3.后勤管理系统

高校后勤管理是指依据后勤社会化的一般规律和高等教育培养人才的特殊规律，通过调节高校内外部相关的后勤资源，最终为培养人才的教育目标服务的行为过程。由日常生活生产服务、基本建设与维修等部门构成的后勤管理系统，也称后勤服务系统。

我国目前大多数高校后勤工作实行甲乙方模式，由后勤部门、基建维修部门、其他服务公司等组成后勤服务系统，实行公司化运作。高校分管校长通过后勤处，提出高校后勤工作的目标，后勤服务公司采取协议的形式、招标的方式得到服务项目。

随着经济和政治体制的改革，高校后勤社会化正在不断地深化，其管理系统也在不断地完善。高校后勤管理改革的根本目的是理顺高校的职能，使高校做自己应该做的事，把社会该做的事情放给社会做，减轻高校的负担，使高校轻装上阵，行使好自己的职能。

后勤服务工作为高校教学、科研等各项工作提供服务,以提高高校办学效益为目的。为保证高校后勤管理社会化的有效性,在经费上要实行定额承包,组建自负盈亏、独立核算的经济实体。我国高校传统的后勤管理机构主要是各级行政领导通过行政命令的方式进行管理,组织活动经费从行政事业费中拨付,是一种"供给制"。如今则必须发挥组织机构效能,其原则是实行政企分开。

后勤服务机构可分成两种不同性质的类型:一是后勤行政管理部门。负责高校后勤日常行政工作,制订、执行后勤实施计划,接受上级监督、检查,根据规章制度进行日常管理。二是经营性质的服务型或生产型经济实体。按照所有权、经营权适度分离的原则,这些实体以经营为主,自负盈亏,独立核算,享有独立的法人地位。后勤服务活动的多样化要求组织管理标准化、规范化,制定一系列相应的后勤管理规章制度是后勤改革的要求。

4.其他管理系统

(1)学科建设系统

有的高校重视学科建设工作,成立校院(系)两级工作管理部门,形成专门的学科建设与管理系统。学科建设是一个比较复杂的系统工程,并且是一项长期的工作。人们一般把学科建设作为高校工作的龙头,一流的学科专业水平就有可能培养一流的学科专业人才。科学研究的成果和水平直接反映了学科的水平,科学研究依托高校的三大建设:一是学科专业队伍建设,二是科学研究平台建设,三是管理制度建设。

高校的竞争主要表现在两个方面,一个是人才培养质量的竞争,另一个是学术水平的竞争,而学术水平又直接影响着人才培养的质量。随着对高校学科建设意义的深入了解,人们逐步认识到学科建设的龙头地位,学科建设系统将越来越重要。

(2)目标管理系统

高校推进内部管理的改革,引进现代企业管理模式,实行目标管理,形成一种新型的管理系统。目标管理打破了常规的高校管理方式,不是靠单一的行政职能部门管理某个方面的工作,而是对院(系)、对高校的工作进行综合管理。

目标管理的核心是确定高校各时期、各年度的工作目标,工作目标是全方位的,涉及高校工作的方方面面,因此高校必须有一个部门牵头进行统筹协调,由多个部门参与,形成一个协调的、权威的管理系统。

（3）学生管理系统

根据目前我国的国情，学生的管理工作承担着很大的社会责任和家庭责任，因此学生管理系统是高校复杂的管理系统之一，事务性的管理工作比较繁杂，且关乎高校和社会的稳定。

学生管理系统由高校党政共同负责，齐抓共管。有的高校成立了专门的学生工作部，由一名高校领导直接担任部长，由高校的学生事务管理部门、高校的有关党政职能部门、各院（系）党总支、团支部等组成庞大的学生管理系统。

三、宏观与微观高等教育管理系统的关系

既然高等教育管理是一个系统，高等教育管理系统中的各个子系统是一个有机的整体，那么根据系统的关联性，宏观高等教育管理系统（高等教育行政管理）和微观高等教育管理系统（高校管理）就是相互联系的。它们的关系具体表现在以下两个方面：

（一）宏观和微观的管理实际上是"条"和"块"的管理

我们认为，高等教育行政管理是一种具有专业性的行政管理，存在领导和被领导的关系，有上位管理和下位管理之分。

教育部和各级地方教育行政部门将教育事业有机地分解为若干个工作方面，每一方面都与高校的某一方面有着直接的联系，形成了一条纵向的链条，我们称之为"条"的管理。"条"的管理体系表现为中央、地方、高校三个层次。地方的高等教育管理，相对于中央的高等教育管理又是"块"的管理。高校管理相对于上级管理部门，也是"块"的管理。高校从总体上进行着与培养人才有关的各种活动，而这种"块"的管理中的各种活动（如教学、科研、学生管理、师资队伍建设等）都受上级教育行政部门的领导。从这个意义上说，高校的管理又是一种"条块结合"的管理。这种关系着重表现在高等教育的管理体制，特别是领导体制上。

高等教育领导体制是指高等教育系统中组织机构设置以及权限划分的制度，主要包括政府对高校的领导关系、高校内部的领导关系。一般习惯上把前者称为宏观领导体制，即高等教育领导体制，把后者称为微观领导体制，即高校内部领导体制。

处理好"条块"的关键是明确"条块"各自的功能和职责，各"条块"该做什么，不该做什么，在一个法治社会应该用法律把它明确下来。当然，要理顺这种关系是不容易的，有时候是两难的。

（二）宏观和微观管理体制之间的集权与分权

集权是指决策权高度地集中在最高层领导机关，下级单位只能根据上级的指示和决定办事。分权是指上级的管理体现在法律和制度上，体现在对下级的监督控制方面，上级对下级机构权力范围内的事很少干涉，下级单位在自己管辖的范围内有较大的自主权。在社会主义市场经济条件下，想要高校拥有更多的办学自主权，就必须加快高等教育管理体制的改革。

高校内部的领导关系包括高校的领导制度、机构设置、管理权限及其相互关系的根本性组织制度。它是高校内部带有整体性、全局性的制度，直接支配着高校的全部管理工作，是高校微观管理能否搞活的关键。

目前，我国高校领导体制主要是党委领导下的校长负责制。在这种体制中，党委是高校的政治核心，校长受政府委托，在党委领导下管理高校，对高校行政工作全面负责。教职工代表大会实施民主监督和民主管理。

如果从技术的角度分析，高等教育管理无论是宏观层次还是微观层次，都存在着计划、组织、领导、控制等技术手段，只是在不同层次上运用的程度和方法不同而已。因此，在技术层面上，宏观高等教育管理和微观高等教育管理也是有机地结合在一起的，高校内部管理的方方面面都与宏观高等教育管理协调一致，与此同时，其自身内部也是具有整体一致性的。需要强调的是，高校管理的有效性在很大程度上取决于高校本身的自主权，即微观高等教育管理与宏观高等教育管理既存在一致性，也存在一定的矛盾，其矛盾的焦点是高校办学自主权的问题。

高等教育管理的分权问题不能简单对待。第一，要明确为什么分权，不是什么权都可以分掉的，在没有搞清楚权力划分原则的情况下，简单地提分权的问题是盲目的。第二，分权不仅仅是简单地下放权力，而要在分权的同时，把上下位各自承担的责任弄清楚。

第三节 高等教育管理系统中的组织结构

一、组织结构的形式

（一）直线制组织结构

直线制组织结构是一种由上级首长直接对下级下达命令进行管理的组织形式。在这种形式的结构中，高校各个层级的一切指挥和管理职能基本上都由校长自己执行，只有个别的职能人员协助校长工作，不设职能机构。直线制组织结构的优点是形式简单，管理层次少，命令统一，指挥及时，责任与权限分明；缺点是要求领导者通晓高校的一切工作，亲自处理许多业务。这种模式在规模较大的高校难以实现，一般只适用于规模较小的高等教育组织的管理。

（二）职能制组织结构

规模较大的高校管理复杂，各项管理需要有专业的管理知识，校长很难具备各种专门知识和条件，要独立进行全面有效的管理很困难，这就需要在校长之下设立各种职能机构，校长将一定的指挥权委托给这些职能机构。

我国普通高校一般不采用这种形式，某些成人高校由于校长是兼职的，为了减少兼职校长的具体指挥工作，通常采用这种组织结构。

（三）直线-职能制组织结构

这种结构是将组织内各层次的管理机构和人员分为两类：一类是直线指挥机构和指挥人员，他们对下级进行指挥，下达命令，并负有全部责任；另一类是职能机构和职能管理人员，他们是直线指挥机构和指挥人员的参谋机构和助手，只对下级机构和人员的工作提出建议，进行业务指导，没有决策权，也不能对下级机构和人员下达命令、进行指挥。

（四）学院制组织结构

学院制就是在高校之下设立学院，在学院之下再设系，学院在高校内享有较大的自主权。高校的职能部门主要是围绕高校的目标，在校长的指挥下协调对院系的管理。这是一种分权的组织结构形式，适用于规模较大的多科性大学或综合性大学。

（五）矩阵组织结构

矩阵组织结构又称规划项目结构，它是同时进行若干项目管理的一种常见的组织结构形式。它适用于若干个同时进行的项目的组织管理，在高校科研项目与对外合作项目的管理中运用得较多。当项目规模较小时，组建一个独立的项目组就会造成浪费；当一个单位同时进行若干个项目时，就难有足够的力量保证为每个项目成立一个项目组。在这两种情况下，就需要采用矩阵组织结构。

二、组织结构的设计

高等教育的组织技术是指高等教育管理者为了实现组织系统目标，而对人员和各种资源进行协调并确定其相互关系，设计组织结构并以此来设置组织机构，适应环境变化，完成组织工作的行为过程中所采用的技术方法。动态的组织过程，就是设计组织结构以及在此基础上设置组织机构的过程，组织技术集中地运用在这个过程之中。高等教育的组织技术对高等教育管理的功能和效益有着重要的影响。组织结构的设计是把组织系统内的人、财、物等各种资源通过一定的联结方式确定其相互关系，并进行合理配置，以实现组织目标的过程。它是组织工作的核心内容。

（一）影响高等教育组织结构设计的因素

1.组织目标

动态的组织是人们有意识的社会实践活动，它有着明确的管理目标。静态的组织是组织活动有效进行的条件，它的结构设计、机构设置及在实践过程中的变革自然应以组织活动的目标为准绳，以保证组织目标的实现为宗旨。

不同的组织目标要求有不同的组织结构设计技术。组织得以存在的重要依据是有一个明确的发展目标，组织中每个部门和人员都必须为达到共同目标而进行活动。要实现共同目标，就要正确处理人、财、物的关系，追求高效率和高效益；要达到共同目标，就要动员各个层次结构上组织机构内的全体成员制定个人目标，并处理好共同目标和个人目标之间的关系。在完成共同目标的前提下，要兼顾个人目标的实现。

2. 环境因素

高等教育系统本身以及系统内任何一种组织结构都处于一个不断变化的环境之中，不断与环境进行物质、能量和信息的交换，所以组织内部各部门和人员之间的配合、组织结构也要不断变更，以便与环境保持动态平衡。这里的环境主要包括社会环境和人际环境。

其中，社会环境又主要包括政治环境、经济环境、科技环境、文化环境等方面：

（1）政治环境由国家的性质、政治体制、法律制度、方针政策、思想道德等因素构成，它会影响高等教育系统中组织结构的设计，所以我国高等教育组织结构不能照搬其他国家的模式。

（2）经济环境由一个国家的经济制度、经济政策、经济发展状况等因素构成，它直接影响高等教育组织结构的设计和实施。

（3）科技环境则由科技体制、科技政策、科技发展水平等因素构成。

（4）文化环境包括民族文化、人们的文化程度等，这些都会对组织结构的设计产生不同程度的影响。

人际环境包括组织成员的个性及成员间的相互关系等方面。在完成规定的管理活动的过程中，成员间的相互信任和支持，以及成员间的相互对立，都会对组织结构的设计产生重要影响。

3. 组织中的人

高等教育组织的组成人员具有高智能的特征，这些成员的主观能动性对于管理的效果具有直接的作用。有时，一个好的领导在不同的高校其工作效果是不同的。再有能力的校长，离开了对管理对象的具体分析都有可能在工作中遇到阻力。因此，组织中的人的因素也是我们在设计组织结构时必须考虑的。

（二）高等教育组织结构设计的原则

高等教育组织结构设计的原则主要有分工协作原则、权职相应原则、信息通畅原则、组织运作的有效性原则。

分工协作原则强调整体团队精神，分工是明确各自的工作任务，协作是强调围绕共同的目标必须进行协作。

权职相应原则是要求权职的定位要准确，防止职务权力过大或过小。

信息通畅原则强调的是管理的信息要畅通，否则会贻误最佳时机。信息的混乱或者缺乏真实性会导致管理的失败。

组织运作的有效性原则强调的是组织结构要灵活，运转要灵活且高效。一般认为，高效的组织结构应当具备四个条件：第一，具有可靠而有效的信息输入、输出系统；第二，具有民主的、灵活的、富有创造性的管理系统；第三，具有受到组织成员一致支持的明确的组织目标；第四，具有相互信任、相互支持的成员间的良好关系。

（三）高等教育组织结构设计的技术要求

第一，根据设计的组织结构配置资源。根据预先设置好的人员编制对人员定岗，使其从事与岗位相适应的工作，保证事得其人、人尽其才。对预算经费（预算内、预算外经费）、物资（公用物资和部门用物资）合理分配，做到财尽其利、物尽其用。将时间安排好，使全体成员有秩序、有节奏地进行工作。

第二，在高等教育组织结构设计过程中，对岗位或职务的分析和制定合理的人事制度是十分关键的。岗位或职务分析的目的在于确定该岗位或职务从事者应该具备的基本标准或资格。

对岗位或职务进行分析的方法主要有两种：一是确定该岗位或职务需要任职者具备哪些知识和能力；二是确定该岗位或职务的价值（重要性）。前者可以纳入对任职者（或候选者）的学历、知识结构、能力结构、工作经历、人格特征、心理素质等多方面进行的考察，后者则是从该岗位或职务的各种特征方面来分析任职者应具备哪些条件。

此外，高等教育组织结构的设计总是在充分分析组织系统内外各种关系和资源后，对组织目标进行有效的分解，合理确定各种资源的相互关系。这本身就是情境性很强的工作，因此要因时、因地、因条件进行。

三、组织结构的变革

为适应外部环境和内部条件的变化，组织结构始终处于动态平衡的状态。也就是在环境发生变化，提出新的需要时，组织结构应及时变革，以便适应外界环境的变化。

变革组织结构的方法应根据原有组织结构中不合理的程度来选择，一般有以下三种情况：

其一，若一个组织结构毫无效率，则需要做根本性的变革且设计新的组织结构，这被称为"大变动的方法"。

其二，若一个组织结构存在一定的问题需要变动，则可采用短期变动法。

其三，若一个组织结构存在许多问题且过于复杂，变动难以在短期内实现，则应在一个较长的时期内逐渐实现组织结构的变动。

第四章　高等教育管理实践

第一节 高等教育教学管理

一、高等教育教学管理的目标

（一）培养创新型人才

高等教育的核心任务之一就是培养具备创新能力的人才，创新型人才将成为社会发展的中坚力量。为了实现这一目标，高等教育教学管理需要从多个方面着手。

1.建立创新教育体系

高等教育机构应当注重对创新教育内容和方法的研究与改革。高校可通过开设创新课程、组织创新实践活动等方式，激发学生的创新意识和能力。此外，高校还应加强对教师的培训，提高他们在创新教育方面的教学水平，为学生提供良好的支持。

2.加强科研创新与实践能力培养

高等教育教学管理应当注重学生科研实践能力的培养。高校通过开展科研项目、实践、实习等活动，让学生能够将所学知识运用到实际问题的解决中，可以提高其创新能力和实践能力；还应鼓励学生参与科研项目，培养他们的科研思维和创新精神。

3.提供多元化的培养模式

高等教育教学管理应当注重培养学生的综合素质和创新能力。除了传统的课堂教学，高校应鼓励学生参加学科竞赛、创业实践等活动，培养学生的团队合作能力和创新思维。此外，还应加强对学生的个性化辅导和指导，为学生提供专业发展的支持和帮助。

4.整合各方面的资源，建立科学的管理机制

教育管理者应当积极创造条件，搭建平台，为学生的创新能力发展提供支持，让每个学生都有机会发展自己的创新潜能。只有这样，高等教育才能真正发挥其培养创新型人才的作用，为社会创新和发展做出积极的贡献。

（二）促进教师专业发展

教师专业发展水平的提升对于教育质量的不断提高和学生的全面发展具有重要影响。为了实现这一目标，高等教育教学管理需要采取一系列措施。

1.建立健全教师培训体系

高等教育机构应当建立起多层次、多形式的教师培训体系，包括培训、研修等。通过不断接受学科知识、教学方法、教育理论等方面的培训，教师可以不断丰富自己的知识储备并提升教学水平。

2.搭建教师交流平台

高等教育机构可以组织教师间的交流座谈会、研讨会等活动，为教师提供一个相互学习、相互交流的平台。通过与同行的交流与合作，教师可以分享经验，借鉴成功做法，不断提高自己的专业素养和教学能力。

3.加强对教师的评估与反馈机制

通过系统的评估体系，高校可以对教师的教学质量、学生评价、教学反馈等方面进行全面评价。评估结果不仅能够帮助教师发现自身的不足，还可以为教师提供改进方向。借助评估与反馈机制，教师可以不断改进自己的教学方法与策略，提高自己的专业水平。

4.提供各类教学资源和支持

高校可以提供各类教材、教辅资料、教学设备等，帮助教师更好地开展教学工作。此外，还可以提供研究课题的支持、教学创新的奖励和激励机制等，激发教师的创新意识和活力。

二、高等教育教学管理的原则

（一）尊重学生主体原则

作为教学管理者，应该认识到每个学生都是独特的个体，拥有不同的思维方式、学习习惯和兴趣爱好。因此，在教学过程中，应该意识到个体差异的存在，并尊重每个学生的独特性。

1.倾听和理解学生的声音

在制订教学计划和课程安排时，教师应该充分考虑学生的意愿和需求。例如，可以组织学生参与课程的选题和教学内容的设计，让他们能够积极参与到学习过程中，提高其学习的积极性和主动性。

2.给予学生适当的选择权

学生在学习的过程中应该有权利选择适合自己的学习方式和学习资源。例如，在进行教学评估时，教师可以采用多种评估方式，如小组讨论、实践项目和个人报告等，让学生有机会根据自身的需求和兴趣选择适合自己的评估方式。

3.注重学生的个体发展

教师应该关注学生的成长和进步，并给予他们必要的指导和支持。对于那些有特殊需求的学生，教师还要提供个体化的教育方案，满足他们的学习需求。

（二）德才兼备原则

在培养优秀人才的过程中，仅仅注重学生的学术能力是远远不够的，高等教育教学管理还应该注重培养学生的思想道德素质。

德才兼备原则要求在招生过程中注重对学生品德的评价。在选拔学生的过程中，不能仅仅看重他们的成绩和能力，而是要综合考虑他们的思想道德素质。毕竟，一个优秀的专业人才不仅需要有专业知识和技能，还需要有正确的价值观和道德观。借助德才兼备原则，高校能培养出对社会有着高度责任感的人才。

德才兼备原则要求教师在教学过程中注重对学生的德育培养。教师在进行教学活动时，应该将德育融入课堂，通过故事、案例等方式，引导学生树立正确的世界观、人生观、价值观。只有培养出道德良好、具有社会责任感的专业人才，才能推动社会的进步和发展。

德才兼备原则要求在评价学生综合表现时注重对学生品德的评价。在高等教育教学管理中，评价学生综合能力是一个非常重要的环节。在评价学生时，除了要考察他们的学术能力，还要注重对他们的思想道德素质的评价。只有将德才兼备原则贯穿学生评价的全过程，才能全面客观地评价学生，并为学生提供更加有效的成长指导。

（三）教学相长原则

教学相长原则是指教学活动时，教师和学生在相互交流、共同学习的过程中相互促进、共同成长的原则。教师和学生是教学活动中的两个重要主体，二者之间的相互作用有助于激发学生的学习动力。

教学相长原则强调教师与学生之间的合作与互助。教师在教学中充当引导者和促进者的角色，激发学生学习的主动性和积极性，使学生真正成为自主学习的主体。在课堂上，教师应为学生提供启发性的问题，引导他们思考和探索，引导其共同构建知识框架。通过与学生之间的合作互动，教师可以更好地了解学生的学习需求和困难，及时给予帮助和指导，从而促进学生成长。

此外，教师应该以身作则，成为学生学习的模范和榜样。教师可以通过展示自身的专业知识和技能，激发学生的学习兴趣，使其树立正确的学习取向。教师还应该注重培养学生的能力和素养，引导学生通过实践和实际操作来提升自己的实际能力。

教学相长原则强调教师在教学过程中不断更新自己的知识和教育观念。随着科学技术和社会的不断发展，教育教学的新理念和新方法层出不穷。作为教育工作者，要不断充实自己的知识，不断扩展自己的教学视野。教师还应与同行进行交流与研讨，共同探讨教学中的问题，进一步提升自己的教学水平，以更好地迎接挑战。通过不断更新知识和教育观念，教师能够更好地适应时代的需要，提高教育教学的质量。

三、高等教育教学组织管理

（一）教学组织结构设计

关于教学组织结构设计，需要考虑诸多因素，如教学任务的分配、教学资源的合理配置、教师与学生的互动等。

教学组织结构的设计应遵循灵活性原则。教学组织结构应该具备灵活性，以适应不同教学目标和需求的变化。这意味着教学组织结构应具备可调整性，能够根据现实需求进行相应调整，以保证教学质量的提升，以更好地适应教学发展的需求。

教学组织结构的设计应基于合理的分工原则。教学任务众多且繁杂，因此在设计教学组织结构时需要明确不同部门、人员的任务分工，避免重复劳动和资源浪费。合理的分工能够提高教学效率，促进资源的合理配置和利用，并能提高教学工作的科学性和规范性。

教学组织结构的设计应注重师生互动原则。在设计教学组织结构时，应注重师生之间的互动安排，如小组讨论、问题解答、实际操作等，以激发学生的学习兴趣和发展潜能。

教学组织结构的设计还应考虑到教学资源的合理利用。教学资源包括教室设施、教学设备、教材教具等。在设计教学组织结构时，应充分考虑这些资源的利用，以实现资源的最大化利用，并为学生提供良好的教学环境和条件。

（二）教学组织流程规划

教学组织流程规划涉及如何合理安排教学活动的流程来提高教学效率和质量。教学组织流程规划需要从多个方面进行考虑。

在教学组织流程规划中，要考虑教学资源的合理利用。高校拥有各种教学资源，如教室、实验室、图书馆等。在教学组织流程规划中，需要对这些资源进行科学合理的分配和利用。例如，在安排课程的时间和地点时，要充分考虑教室的空闲情况，尽量避免教室的浪费和冲突。同时，也要充分利用实验室和图书馆等资源，为学生提供更好的学习环境和条件。

在教学组织流程规划中，要注重教学活动的顺序和衔接。教学活动一般包括课前准备、教学实施和课后总结等环节。在规划教学流程时，要确保这些环节的衔接流畅，使各个环节之间的转换自然不突兀。例如，在课前准备环节，教师应该提前布置好学生的学习任务，并对相关知识进行介绍，为学生打好基础；在教学实施环节，教师应该采用合适的教学方法和手段，激发学生的学习主动性和积极性；在课后总结环节，教师应该对学生的学习情况进行总结和评价，并给予必要的反馈。

在教学组织流程规划中，要充分考虑学生的个体差异。不同的学生有不同的学习习惯、学习能力和学习节奏。因此，在规划教学流程时，要根据学生的差异进行个性化的安排。例如，在授课过程中，教师可以采用多种教学方法，如讲解、案例分析、小组讨论等，以满足不同学生的学习需求。另外，教师还应该注重对学生的关心和指导，及时解答学生的问题和困惑，帮助学生更好地掌握和理解所学知识。

（三）教学组织效能评价

教学组织效能评价是高等教育教学管理中至关重要的一环。通过对教学组织的效能进行评价，可以客观了解教学组织的运行情况，发现问题，并提出改进措施，从而提升教学质量和教学效果。

教学组织效能评价要注重对数据的收集和分析。高校可以通过多种渠道，如问卷调查、学生评教、教师自评等，收集涉及教学组织的数据和信息。通过对这些数据的综合分析，高校可以了解教学组织的强项和不足之处，从而更好地进行评价。

评价标准的确定是教学组织效能评价的重要环节。评价标准应该具备科学性、客观性和可操作性。一方面，评价标准应该基于理论基础和实践经验，能够全面、准确地反映教学组织的效能；另一方面，评价标准应该具备可操作性，即可以通过具体的指标和方法进行测量。

在进行教学组织效能评价时，应该全面考虑多个因素。教学组织的效能受到多种因素的影响，如师资力量、教学资源、教学管理等。因此，在评价过程中，应综合考虑这些因素的影响，并对其进行适当量化。

教学组织效能评价的结果应该被及时反馈给教学管理者和教师。评价结果的反馈可以帮助教学管理者和教师了解其工作的效果和存在的问题，并不断调整与优化。

四、高等教育教学计划管理与教学运行管理

（一）教学计划的制订与执行

在高等教育教学管理中，教学计划的制订与执行起着至关重要的作用。教学计划是对教学活动进行系统安排和组织的基础性文件，它直接关系到教学质量和教学效果的高低。因此，教学计划的科学性、合理性和可操作性是重点。

教学计划的制订应当符合高等教育教学管理的目标和原则。高等教育教学的目标是培养具有创新精神、实践能力和终身学习能力的高素质人才，而教学计划的制订就要以

这一目标为导向。制订教学计划要充分考虑学生的特点和需求，注重培养学生的综合素质和职业能力。因此，在制订教学计划时，需要认真分析学生的学科基础、学习能力、学习需求等，从而科学、合理地确定教学目标、设置课程。

教学计划的制订还必须考虑到学科发展的最新动态和前沿知识。高等教育是面向未来的，要适应社会的发展和需求。因此，教学计划要紧跟学科发展的最新趋势，及时更新教学内容，不断应用新的合适的教学方法，以确保教学的科学性和前瞻性。

教学计划的制订还需要考虑教学资源的合理利用和教学工作的可持续发展。高等教育机构的教学资源是有限的，为了充分利用资源并确保教学质量，制订教学计划时需要合理分配教学资源，需要合理控制教学工作的负荷。同时，要注重培养教师的教学能力和教学手段的创新，以促进教学工作的发展。

在教学计划的执行过程中，要做好跟踪和监控工作，及时调整和完善教学计划。教学计划的执行并非一成不变的，随着教学过程的推进和学生的反馈，教学计划可能需要进行调整和优化。因此，教师要根据实际情况，对教学计划进行动态管理，及时收集学生的反馈信息，积极改进教学方法和教学内容，以提高教学效果。

（二）教学运行过程控制

在高等教育教学管理中，教学运行过程控制是确保教学活动顺利进行的重要环节。它涉及对教学过程的监控、调整和改进，以提高教学效果和质量。教学运行过程控制包括多个方面的内容，下面将从教师角度和学生角度两个方面来探讨。

从教师角度来看，教学运行过程控制需要教师具备丰富的教学经验和深厚的学科知识。教师应该充分了解教学目标和计划，掌握教学内容和教学方法。在教学过程中，教师需要密切关注学生的学习情况，及时发现和解决教学中的问题。同时，教师还要能够根据学生的不同需求进行灵活调整，确保教学进程的顺利进行。例如，教师可以根据学生的学习水平和兴趣，调整教学的难易程度，或者借助适当的教学辅助工具，提升学生的学习效果。

从学生角度来看，教学运行过程控制需要激发学生的学习兴趣和参与度。学生是教学的主体，他们的主动参与和积极反馈对于教学的顺利推进起着至关重要的作用。因此，教师应该通过鼓励学生提问、组织小组讨论和开展实践活动等方式，激发学生的思维和动手能力，培养学生的合作精神和自主学习能力。同时，教师还应该定期与学生进行交流，了解学生对教学内容的理解程度和学习体验，并根据学生的反馈进行及时调整和改进。

在教学运行过程控制中，教师和学生之间的良好互动和紧密合作是关键。只有通过积极互动，教师才能更好地了解学生的学习需求和问题，从而采取相应的措施。同时，学生也能在与教师的交流中得到及时的指导，提高自己的学习效果。

（三）教学运行效果评估

为了保障高等教育教学管理的有效性和提升教学质量，教学运行效果的评估是很有必要的。教学运行效果评估旨在对教学过程中所取得的成果及其对学生学习的影响进行客观、全面的评价，以便为教学改进提供有力的依据。

教学运行效果评估要充分考虑教学目标的实现程度。教学目标是教师在教学过程中所设定的预期目标，是评价教学效果的重要参考。在评估过程中，教师应明确教学目标，并与学生共同制定评价标准，以便准确衡量学生在知识、能力、素养等方面的情况。通过对教学目标的实现程度进行评估，教师可以及时发现和纠正教学中存在的问题，从而更好地提升教学质量。

教学运行效果评估要注重对教学方法的评价。不同的教学方法对于学生的学习效果的影响不同，因此，在评估中要准确评价教师的教学方法是否科学合理、是否适合当下的教学需求。评估过程中可以采用问卷调查、观察记录等多种方式，收集和分析学生对教学方法的反馈意见，以了解学生对教学方法的认可度和教学方法对学生学习的积极影响程度。教师也应在评估的基础上对教学方法进行不断调整和改进，以提高教学效果。

教学运行效果评估要关注学生学习能力和兴趣的发展。学生在教学过程中的学习能力和兴趣的培养是教学运行效果评估的重要内容。通过对学生学习能力的评估，教师可以了解他们在知识掌握、问题解决、创新思维等方面的情况。此外，教师还要关注学生学习的主动性和积极性，通过观察学生的学习态度、学习习惯和学习动力等方面的变化，评估教学对学生学习兴趣的激发程度。根据评估结果，教师可以有针对性地设计教学活动，激发学生的学习兴趣和积极性，提高教学效果。

教学运行效果评估要注重教学资源的利用和管理。教学资源的有效利用对教学运行效果评估具有重要意义。

第二节 高等教育学生管理

高等教育学生管理是高校领导和管理人员为了实现高校学生的培养目标，按照国家的教育方针和各项政策法令，科学地、有计划地对高校内部的人、财、物、时间、信息等进行组织、指挥、协调，并对其进行预测、计划、实施、反馈、监督等的一门管理科学。学生管理是高等教育管理的重要组成部分，它的研究管理对象是高校学生。学生管理是一项教育工作，它具有教育科学所包含的规律；它也是一项具体的管理工作，具有管理科学所包含的规律。

一、高等教育学生管理的目标

（一）提升学生的自主学习能力

自主学习是与传统的接受学习相对应的一种现代化学习方式。以学生作为学习的主体，学生自己做主，不受别人支配，不受外界干扰，通过阅读、听讲、研究、观察、实践等手段使个体可以得到持续变化（知识与技能、方法与过程、情感态度与价值观的改善和升华）的行为方式。要想提升学生的自主学习能力，需要采取一系列措施。

1.建立完善的学习资源支持系统

建立完善的学习资源支持系统包括提供丰富的图书馆资源、多样化的电子学习平台和线上学习社区等。学生可以通过这些资源获取更多的学习材料和参考资料，拓宽自己的知识面，提高学习的深度和广度。高校还应当加强对学生的学习技能培养，通过有针对性的培训和指导，学生可以更好地掌握学习方法和技巧，提高自主学习的效果。

2.推进自主学习的教学模式

为了培养学生的自主学习能力，传统的教学模式应当得到改革和创新。教师应当转变角色，从传授知识的角度转向引导学生的角度。通过激发学生的学习兴趣和探索精神，鼓励学生主动参与课堂讨论和项目研究，培养学生自主学习的能力和习惯。高校还可以开设一些选修课程或者研讨会等，让学生在自主学习的过程中发挥主动性和创造性。这样，学生可以更好地掌握知识和技能，提升自己的学习能力。

3.加强学生的学习指导和辅导工作

通过提供个性化的学习指导和辅导服务，高校可以帮助学生解决学习中遇到的问题，激发他们的自主学习动力。高校可以设立学习咨询中心或者建立学习导师制度，为学生提供学习方面的专业指导和帮助。高校还应当鼓励建立学习小组或者学习社区，让学生在合作学习和互助学习中相互支持和学习。通过这种方式，学生可以在团队合作和交流互动中提高自主学习的能力。

（二）培养学生的创新思维

创新思维是指以新颖独创的方法解决问题的思维过程，这种思维能突破常规思维的界限，以超常规甚至反常规的方法、视角去思考问题，提出与众不同的解决方案，从而产生新颖、独到、有社会意义的思维成果。培养学生的创新思维，不仅有助于提高他们的创新能力，还能培养他们在未来职业发展中的竞争力。

为了培养学生的创新思维，教育机构应该提供丰富多样的资源，如图书馆、实验室以及计算机设备等，这些资源可以激发学生的探索欲望和创造力。

教育机构应该鼓励学生参与课外活动和实践项目。通过参与各种活动和项目，学生可以培养自己的创新思维和解决问题的能力。比如，学生可以参加学术研讨会、科研竞赛或实习等，这些活动可以帮助他们接触到最新的学术进展和现实问题，激发他们的创新能力和思维。

教育机构应该注重培养学生的批判性思维。批判性思维就是通过一定的标准评价思维，进而改善思维，是合理的、反思性的思维，既是思维技能，也是思维倾向。在教学过程中，教师可以采用引导性问题、案例分析等教学方法，提高学生思考和解决问题的能力。

教育机构还可以组织学生参与团队合作和跨学科交流。团队合作和跨学科交流可以帮助学生拓宽视野，接触不同领域的知识和思维方式。通过与其他学生的合作和交流，学生能够从不同的观点和经验中得到启发，提高自己的创新思维能力。

（三）塑造良好的学习环境

为了有效地管理高校学生，并使学生更好地发展和成长，塑造良好的学习环境是非常重要的。在高等教育学生管理中，塑造良好的学习环境可以给学生提供一个适宜的学习氛围，激发他们的学习动力，促进他们的学业发展和个人成长。

为了塑造良好的学习环境，高校管理者需要提供良好的学习设施和资源，这包括宽敞明亮的教室、先进的实验室、丰富的图书馆资源等。这些设施和资源不仅能够为学生提供学习的基本条件，还可以激发学生的求知欲望和学习热情。高校管理者还应该积极推动信息化建设，提供高质量的网络环境和电子资源，以满足学生的学习需求。

高校管理者和教师还应该营造积极向上的学术氛围。高校可以组织学术讲座、学术交流会等，邀请知名学者来校交流和授课，鼓励学生积极参与学术研究。这些活动可以帮助学生了解最新的学术动态、拓宽学术视野，并培养其学术兴趣和研究能力。

除了以上措施，高校管理者和教师还应该注重学生的心理健康和综合素质的培养，可以开展心理辅导活动，提供心理咨询服务，关注学生的心理问题，帮助学生建立积极健康的心态。此外，在高校的组织管理中，还可以设置学生社团、学生组织等，为学生提供广泛的课外活动，培养他们的领导才能、团队合作和社交能力。

（四）促进学生的个人成长和职业发展

为了促进学生的个人成长和职业发展，高等教育学生管理需要从以下几个方面着手：

第一，高校应该为学生提供丰富多样的发展机会和资源。这包括开展丰富多样的课程和活动，提供实习和实践机会等。通过这些，学生可以获得不同领域的知识和技能，提高自己的综合能力。

第二，高校应该关注学生的职业规划和就业需求。在学生管理中，高校需要配备专业的职业指导师和就业指导员，帮助学生制定职业规划，为其提供就业信息并指导学生参加职业技能培训。高校可以与企业合作，提供实践机会和就业岗位，为学生顺利就业保驾护航。

第三，高校应该加强学生的创新创业意识和能力培养。高校可以开设创新创业课程，组织创业大赛和创新项目，并提供创业孵化器等平台，为学生提供良好的创业环境。

第四，高校应注重学生的综合素质培养。高等教育不仅仅是传授知识，还要培养学生的综合素质，使其成为有道德修养、有社会责任感的公民。高校可以通过开展社会实践活动、志愿者活动、文化艺术交流活动等，提升学生的综合素质和社会责任感。

二、高等教育学生管理的原则

（一）尊重学生的个性和差异

每个学生都是独一无二的个体，具有自己的特点、兴趣、能力和需求等。高等教育管理者应该充分认识到这一点，并以此为基础来进行学生管理工作。

每个学生都有自己独特的背景和成长经历，因此他们的行为和表现可能会有所不同。高等教育管理者不能奢求学生都按照同一标准来学习和生活，而是要关注并尊重他们的个性差异。

尊重学生的个性差异意味着要给予他们充分的自主权和选择权。学生应该有权决定自己的学习方向、课程安排和生活方式等。高等教育管理者应该鼓励学生表达自己的意愿和需求，并在可能的范围内提供支持和帮助。通过尊重学生的个性差异，高等教育管理者可以激发他们的潜力，使他们在学习和生活中能够得到更好的发展。

此外，高等教育管理者还需要提供多样化的教育资源和支持服务。不同学生有不同的学习风格和需求，高等教育管理者应该尽量满足他们多样化的学习需求。例如，为他们提供个性化的学习计划和辅导服务，为不同的学生提供多样的俱乐部和活动项目等。通过提供多样化的教育资源和支持服务，高等教育管理者可以更好地满足学生的个性化需求，更好地促进他们的全面发展。

（二）以学生的成长为中心

在高等教育学生管理中，学生的成长是重要目标，而学生管理则是为了促进学生的成长和发展。因此，以学生的成长为中心是高等教育学生管理的重要原则之一。

以学生的成长为中心意味着教育者要充分关注学生的发展需求。每个学生都是独特的个体，有着自己的兴趣、特长和发展潜力。因此，在学生管理过程中，高校应该尊重学生的个性差异，关注他们的发展需求，并根据不同学生的情况提供个性化的支持和指导。例如，对于那些对某个领域有浓厚兴趣的学生，可以提供更多的相关资源和机会，帮助他们更好地发展自己的特长。

以学生的成长为中心要求将学生发展放到教育的核心位置上。这意味着我们要通过提供适当的学习环境和机会，激发学生的学习动力和兴趣，培养他们的学习能力和自主学习能力。例如，可以通过开设丰富多样的选修课程、组织学术研讨会、搭建学术交流平台等方式，为学生提供广阔的学习空间，帮助他们积累知识，提升能力，实现自己的学术目标。

以学生的成长为中心要求为学生提供充分的支持和关怀。学生在成长过程中难免会面临各种困难和挑战，在这个时候，他们需要有人给予帮助和指导。因此，高校应建立健全学生服务体系，为学生提供心理咨询、学业辅导、就业指导等方面的支持，帮助学生克服困难，顺利完成学业。

以学生的成长为中心还要求保障公平公正的教育机会。每个学生都有平等受教育的权利。因此，在学生管理中，要坚决反对各种形式的歧视和偏见，建立公平的评价制度，确保学生能够得到公平对待。

（三）强调学生的参与和主动性

在高等教育学生管理中，学生是自主学习的主体，他们拥有独特的个性和差异，因此应该尊重并充分发挥他们的主体性和参与度。

1.鼓励学生参与决策过程

高校要为学生提供决策的机会和平台，充分听取学生的意见和建议。例如，在学生事务方面，可以设立学生代表会议或学生咨询委员会，让学生能够参与到高校决策中，发表自己的看法和建议。

2.激发学生的主动性和创造力

高等教育要注重培养学生的自主学习能力和创新精神。高校应鼓励学生在学习和研究中展示出主动性，鼓励学生参与科研项目、创业实践和社会实践等活动，给其提供资源和支持，让学生有机会实践所学，并在实践中不断提升自己的主动性和创造力。

3.建立起良好的师生关系

高校教师要注重与学生的沟通和交流，了解学生的需求和意见，给予他们更多的自主选择权。教师应该扮演指导者和引导者的角色，引导学生自主学习，让学生在学习过程中体验到主动参与的重要性。

4.为学生提供丰富的参与机会和一定的资源支持

高校可以设置各种学生社团和组织，举办学术交流会和文化活动，让学生有机会参与其中，锻炼自己的组织能力和团队合作精神。同时，高校也可以提供各种资源和支持，如心理咨询、就业指导、志愿者服务等，鼓励学生积极参与社会实践和公益活动，为学生的个人发展提供全方位支持。

（四）保障公平公正的受教育机会

公平公正的教育机会意味着每个学生都应该有平等地接受教育的机会，无论其背景、性别、民族、经济状况或其他因素。为了实现这一原则，高等教育机构需要采取一系列措施，确保每个学生都能够拥有平等地接受教育的机会。

高等教育机构应该通过招生政策来确保公平公正的教育机会。招生不应该仅仅依据学生的成绩和标准化考试的结果，而应该更加综合考虑学生的个人特长、综合能力等方面。例如，高校可以采取面试、填写自陈表或参加社区服务等方式来综合评估学生的综合素质。这样做可以更好地发现潜在的优秀学生，提供给他们同其他学生一样的接受高等教育的机会。

高等教育机构需要提供公平公正的经济援助机会。经济状况不应成为学生接受高等教育的障碍。高校可以通过设立助学金、奖学金和贷款等方式，帮助有需要的学生解决经济困难。高校还可以与外部机构合作，提供学费减免、实习机会、奖学金等特殊福利，使更多学生能够享受到公平的教育机会。

高等教育机构还应该提供公平公正的学习环境和待遇。高校应该确保每一个学生都能够得到平等的待遇和支持。教师应该关注每个学生的学习需求和进步，提供个性化的教学方式和资源。此外，高校还应该提供良好的教育设施和学习资源，确保学科的课程设置丰富多样，以满足不同学生的需求。

三、学生生活管理和服务管理

（一）建立完善的学生生活服务体系

学生生活服务体系的建立旨在为学生提供全面、便捷、高效的生活服务，以提升学生的生活质量，满足学生多样化的需求。

完善的学生生活服务体系可以为学生提供全面的服务支持。学生在校期间面临着各种各样的生活问题和需求，如住宿、饮食、健康、娱乐等。一个完善的服务体系可以为学生提供良好的学习和休息环境。同时，高校应该提供丰富多样的饮食选择，确保学生获得均衡的营养。此外，还应设立健康咨询中心和体育健身设施，以保障学生的身心健康。

要想建立完善的学生生活服务体系，需要提供便捷的服务环境。学生的时间宝贵，他们需要快速、便捷地获取生活服务。为此，高校应该建立一套高效的服务机制，包括沟通平台和预约系统，以便学生能够方便地获取所需服务。例如，建立在线平台，提供学生住宿信息查询、饭堂菜单预览、医疗预约等功能，让学生能够随时获取所需的信息和服务。此外，高校还可以与周边社区、商家建立合作关系，为学生提供更加多元化的服务和选择。

建立完善的学生生活服务体系，可以提高学生的生活质量。学生生活质量的提升是高等教育学生管理的重要目标之一。通过建立完善的服务体系，高校可以满足学生的个性化需求，提供丰富多样的文化、体育、艺术等活动，丰富学生的课余生活。此外，高校还可以开展各类培训和讲座，提供特色服务，促进学生全面发展。

（二）提供多样化的学生生活服务

为了满足高等教育学生多样化的需求，提供丰富多样的学生生活服务至关重要。高校提供多样化的学生生活服务，可以让学生得到更好的体验。

1.提供丰富多彩的文化活动和社团组织

通过开展各类文化活动，如艺术展览、音乐会和话剧演出，学生可以感受到不同艺术领域的魅力，拓宽文化视野。此外，高校还应支持和鼓励学生参与各类社团组织，如运动社团、学术研究团队或志愿者团队。这些社团组织提供了丰富的社交和学习机会，有助于学生培养团队合作能力和领导才能。

2.提供多样化的学生支持服务

学生在面对学习和生活的各种挑战时，常常需要得到指导和支持。高校可以设立学术辅导中心和生活辅导中心，为学生提供学习方法指导、时间管理建议和心理咨询等服务。此外，高校还可以建立学生就业指导中心，为学生提供就业信息发布、职业规划辅导和实习就业机会等，为学生就业保驾护航。

3.提供良好的校园环境和便利的生活设施

高校应注重美化校园环境，营造舒适的学习和生活环境。此外，高校还应该提供便利的生活设施，方便学生进行学习、休闲和社交等活动。通过提供良好的校园环境和便利的生活设施，高校可以提高学生的生活质量和满意度，增强他们对高校的归属感和认同感。

4.注重个性化和差异化

学生的需求各有不同,高校应根据学生的兴趣爱好和特长,提供个性化的学生生活服务。例如,在文化活动方面,高校可以开设不同类型的社团组织,满足学生对于音乐、舞蹈、表演等方面的兴趣;在学生支持服务方面,高校可以提供个别辅导和指导,帮助学生解决个人学习和生活中的问题。高校可以通过个性化和差异化的服务,满足学生多样化的需求,从而提高服务的质量和效果。

(三)关注学生生活质量的提升

学生的学习成绩和学业发展只是他们大学生活的一部分,他们的生活质量涉及多个方面,如居住条件、饮食安排、心理健康等。为了提升学生的生活质量,高校需要采取一系列措施。

高校应该建立完善的学生生活服务体系,这一体系包括宿舍管理、餐饮服务、医疗保健等多个方面。对于宿舍管理,高校应加强宿舍设施的维护和改善,确保学生能够有一个安全、舒适的居住环境;高校应提供各种便利的餐饮服务,满足学生的不同饮食需求;高校还应提供全面的医疗保健服务,保障学生的身体健康。

高校应该提供多样化的学生生活服务。学生的需求是多样化的,他们有不同的兴趣爱好和文化背景。为了满足学生的多样化需求,高校可以组织各种形式的活动,如文化艺术展览、体育比赛等,以拓宽学生的视野,丰富学生的业余生活。

高校应该关注学生的心理健康。高校学生往往面临着诸多压力和挑战,心理健康问题也日益突出。高校可以设立心理咨询中心,为学生提供专业的心理咨询服务,帮助学生解决心理困扰,增强他们的心理抗压能力。高校还可以组织心理健康教育活动,提高学生的心理健康意识,使学生养成积极乐观的心态和健康的生活方式。

(四)保障学生生活服务的公平公正

学生的日常生活和服务需求多种多样,高校应该积极努力地为学生提供公平公正的生活服务,使每一个学生都能得到同等的待遇。

为了保障学生生活服务的公平公正,高校应该建立起完善的服务体系。这个体系应该包括各个方面的服务,如食堂、宿舍、医疗等,以满足学生在生活上的各种需求。高校需要建立相应的管理机制,加强与服务供应商的合作,确保服务的质量和价格的公平合理。高校还应该制定明确的服务标准和规范,以预防和解决服务过程中可能出现的不公平情况。

高校应该提供多样化的学生生活服务,以满足不同学生的需求。学生生活的多样化和个性化越来越受到重视,高校应该针对不同背景和需求的学生提供相应的生活服务。例如,在宿舍分配上,高校可以根据学生的个人喜好和需求,提供不同类型的宿舍供其选择,让学生有更多的自主权和更高的满意度。高校还可以提供丰富多样的社团活动和文化娱乐项目,以满足学生在课余时间的需求,促进他们的全面发展。

关注学生生活质量的提升是保障公平公正的重要举措。高校应该时刻关注学生的生活状况和需求,不断改善和提升学生的生活质量。高校可以定期开展学生满意度调查,了解学生的意见,并及时采取相应的措施加以改进,确保学生的权益得到充分尊重和保护。

高校需要保障学生生活服务的公平公正,不偏袒任何一方。高校应该建立健全监督机制,确保服务供应商及相关人员的行为符合规范和准则,不以个人偏好和特殊关系影响服务的公平。此外,高校还应该建立投诉和申诉机制,为学生提供渠道,进行申诉和维权,及时解决学生生活服务中可能出现的问题和不公平现象。

第三节 高等教育资源管理

一、高等教育资源管理的目标

(一)提升教育质量

在高等教育资源管理中,我们要采取一系列措施来促进教育质量的提升。

1.注重教师队伍的建设

教师是高等教育的核心力量,他们承担着传递知识和培养学生能力的重要任务。因此,我们应该加强教师队伍的培养和选拔工作,提高教师的专业素养和教学能力。同时,为教师提供良好的教学条件和发展空间,激励他们积极投入到教学工作中,不断提升教育质量。

2.注重教学设计和教学方法的改进

教师需要关注学生的学习需求和特点，根据不同的学科和课程特点，设计合理的教学计划和教学方案。同时，教师还要积极运用现代教育技术和教学手段，创新教学方法，激发学生的学习兴趣。教师可以通过不断改进教学设计和教学方法，提高教学效果，达到提升教育质量的目标。

3.注重教育评估和质量监控

教育评估是检验教育质量的重要手段，可以帮助教师了解教学过程和教学效果，及时发现问题并采取相应的措施。高校应建立完善的教育评估体系，开展教学评估工作，并根据评估结果进行质量监控和持续改进。通过教育评估和质量监控，高校可以提高教育质量管理水平，确保教育质量稳步提升。

（二）提高教育公平性

教育公平性是指每个人都应该有平等的机会接受高等教育，不论其背景、经济状况或身份地位。为了实现教育公平性，需要遵循一些原则，采取一些措施。

高等教育资源管理应秉持公正原则。公正的教育资源分配是保证教育公平的基础。资源分配应该基于个人的潜力、能力和努力，而不是个人的社会背景或地位。因此，高等教育机构应该采取公平公正的招生政策，确保每个人有平等的机会接受高等教育。

高等教育资源管理应关注经济欠发达地区的人群和弱势群体。经济欠发达地区的人群和弱势群体通常面临教育机会不均等的问题，为了实现教育公平性，需要在资源分配上予以倾斜。例如，建立特殊奖学金或补助计划，为这些学生提供资助和支持。

在高等教育资源管理中，应注重提供平等的学习环境和机会。教育资源不仅包括经济资源，还包括教学设施、师资队伍和课程设置等方面。高等教育机构应确保所有学生都有平等的机会接触到优质的教学资源。这可以通过提升教学设施的质量，加强师资队伍的培养和引进来实现。

高等教育资源管理也应注重提升学生的综合素质和能力。学生的综合素质和能力对于获得优质的高等教育至关重要。因此，高等教育资源管理应注重提供全面的教育培养，包括学术知识的传授、实践能力的提升、创新思维的培养等。这样可以确保每个学生都能够在高等教育中得到充分发展。

（三）优化资源使用效率

资源使用效率的优化需要从制度和政策层面进行考虑。高等教育机构应建立科学完善的资源管理制度，明确资源分配的原则和规则，确保资源的公平合理分配。政府和监管机构应加大对高等教育资源的监督和管理力度，确保资源的合理配置和使用。

资源使用效率的优化离不开信息化技术的支持。现代技术的快速发展，为高等教育资源管理带来了前所未有的机遇。利用信息化技术，高等教育机构可以实现资源的有效整合，提高资源利用效率。例如，建立统一的资源管理平台，实现资源的共享，可以避免资源的重复购置和浪费。

高等教育机构还应注重人力资源的合理配置和管理。人力资源是高等教育的核心资源，优化其利用率，对高等教育机构的发展至关重要。笔者认为，制定科学的人力资源管理制度，合理安排教师和行政人员的工作任务，提高人员的工作效能和工作满意度，可以提升教育教学质量。

在物力资源管理方面，高等教育机构需要注重节约和环保。合理利用和管理物力资源，不仅可以降低运营成本，还可以减少资源的浪费和环境的污染。高等教育机构可以通过采用节能环保的设施和设备，推行资源循环利用的机制，实现物力资源的高效使用和可持续发展。

（四）提升教育创新能力

只有不断提升教育创新能力，高校才能适应时代的变革和社会的需求。教育创新能力提升的目标是不断推动高等教育的改革与发展，培养具有创新意识和创新能力的高素质人才。

高等教育创新能力的提升需要高校深入推行教育教学改革。教育教学改革是提高教育创新能力的重要途径之一。高校应该以学生为中心，积极探索灵活多样的教学方法，引导学生主动参与到知识的建构中。例如，可以通过创新课程设计、教学手段、评价方式等，激发学生的学习兴趣和创新能力。

高等教育创新能力的提升需要高校积极建设研究创新平台。研究创新是高等教育的核心任务之一，也是提升教育创新能力的基础。高校可以通过建设科研实验室、提供研究资金和优化科研团队等方式，营造良好的研究创新环境，激发教师和学生的创新积极性。

高等教育创新能力的提升需要高校加强与产业界的合作，产学合作是促进教育创新的有效途径之一。高校应该主动与企业、政府等合作，积极参与到产业发展中去，了解行业需求，培养符合社会需求的人才。这样，高校能够更好地将理论与实践相结合，提升学生的创新实践能力，培养具有创新精神和创新能力的人才。

高等教育创新能力的提升需要高校加强创新文化的建设，创新文化是激发创新能力的土壤。高校应该鼓励和支持教师和学生的创新思维和创新实践，营造宽松的学术氛围；同时，高校还应加强对创新成果和创新项目的关注，提供更多的创新奖励和机会，鼓励更多的教师和学生参与到创新实践中去。

二、高等教育资源管理的原则

（一）教育资源的公平分配原则

在实施高等教育资源管理时，确保教育资源能够公平地分配给各个教育主体，是促进教育公平、提高教育质量的关键。公平分配教育资源不仅体现在高等教育的学生选拔方面，还包括人力资源配置、物力资源配置、财务资源分配等方面。

公平分配教育资源意味着高等教育机构应该实施公正的招生制度。这意味着不仅要通过考试成绩来确定学生的录取与否，还要考虑学生的个人特长、兴趣爱好等因素，确保各类学生都有接受高等教育的机会。学生的入学费用也应该公平合理，不应该因为经济困难而影响学生的受教育机会。

教育资源的高效利用也是公平分配原则的重要内容之一。高等教育机构应该通过优化人力资源配置和物力资源配置，确保教育资源得到最大限度的利用。在人力资源方面，高等教育机构应该合理配置教师，确保每一个学生都能够享受到优质教育。在物力资源方面，高等教育机构应该合理安排课程时间、教室使用情况等，确保各个教育主体能够平等地利用教育设施和教育资源。

教育资源的公平分配需要考虑教育资源的持续发展。持续发展意味着高等教育机构应该不断完善自身的教育资源体系，增加各类教育资源的供给，在满足当前需求的同时，也要为未来的需求做好准备。高等教育机构可以通过加强教师培训、增加教育设施投入等方式，不断提高教育资源的质量和数量。

教育资源的公平分配还需要考虑用户的满意度。高等教育的用户包括学生、教师、家长等教育主体，他们对于教育资源的需求是多样化的。教育机构应该理解用户的需求，根据需求合理分配教育资源，确保用户的满意度。例如，高校可以通过开设丰富多样的课程、提供多样化的教学资源，满足学生对于个性化学习的需求。

（二）教育资源的高效利用原则

高等教育机构拥有众多的资源，包括师资力量、教学设施、图书馆资料、实验室设备等。如何充分利用这些资源，提高资源的使用效率，是高等教育资源管理工作中迫切需要解决的问题。

高等教育机构应该充分了解各种教育资源的特点和使用需求。师资力量是高等教育中最重要的资源之一，如教师的专业素质、学术研究成果、教学经验等，都是评判师资力量强弱的因素。教学设施的使用也需要科学合理地安排，避免资源的浪费和闲置。至于图书馆，也可以不断完善服务机制，提高图书馆资源的利用率。

高等教育机构应采取有效的管理措施，提高教育资源的使用效率。高等教育机构可以制定合理的课程安排和调度，合理安排教师的工作时间，避免时间的冲突和浪费。在教学设施的管理上，可以采用预约制度，确保设施能够得到充分利用，避免资源的浪费。此外，还要加强对教学过程的监督和评估，及时发现并解决教学过程中的问题，提高课堂教学效果。

高等教育机构还可以通过创新教学模式，提高教育资源的利用效率。高等教育机构还可以引入信息技术，利用互联网资源和教学平台，拓宽教学空间，实现资源的共享和利用，提高教育的覆盖范围和效果。

高等教育机构需要建立健全评估制度，对教育资源的利用效率进行监测。高等教育机构可以通过定期的评估和反馈，发现问题和不足之处，及时进行改进和优化；同时，还可以借鉴其他高等教育机构的成功经验，推行优秀实践案例，提高资源利用效率。

（三）教育资源的持续发展原则

针对教育资源的持续发展原则，高等教育机构需要制定合理的资源管理策略，并通过有效的监测与评估机制，确保资源的合理配置与优化利用。

1.实施教育资源的长远规划

在策划与管理过程中，高等教育机构需要考虑高等教育的发展趋势与需求，以及社会经济的变化与创新需求。通过制定长远规划，高等教育机构能够更好地了解资源需求，并进行资源配置。

2.持续的资源更新与创新

高等教育教学及科研设备不断更新换代,因此保持资源的时代性与先进性是至关重要的。高等教育机构需要积极引进先进的教育技术与设备,并进行适时的更新与升级,以确保资源的质量与适用性。

3.加强资源的共享与合作,以实现资源的最大化利用

高等教育机构之间可以建立资源共享机制,共同利用教育设施、图书馆、实验室等资源,避免资源重复建设与浪费。此外,与企业、研究机构等外部合作伙伴进行资源合作,也能够进一步拓宽资源的获取与利用渠道,实现资源的优化配置与共享。

4.有效的资金投入与财务管理

资源管理的过程中,高等教育机构需要根据不同的需求进行合理的资金配置与使用,建立健全财务管理体系,确保资源的有效支出与回报,以保证资源的可持续运作。

5.建立有效的监测与评估机制,及时发现问题与调整资源配置

通过定期进行资源的监测与评估,高等教育机构能够及时了解资源的利用情况、存在的问题以及改进的空间。基于评估结果,高等教育机构可以进行调整与优化,以实现教育资源的持续发展与提升。

(四)教育资源的用户满意原则

教育资源的用户满意原则着重关注的是高等教育资源的接收者,即广大学生、教职工和其他利益相关者等。教育资源的用户满意原则旨在保障用户在接受教育资源过程中的权益。

教育资源的用户满意原则要求高等教育机构充分关注用户的需求和期望。高等教育机构应该通过各种渠道,如问卷调查、举办座谈会等,了解用户对教育资源的期望和需求,包括教学设施、师资力量、课程设置等方面的需求。只有了解用户的需求,才能有针对性地提供满足其需求的教育资源。

教育资源的用户满意原则强调高等教育机构应该提供高质量的教育资源。高等教育机构应该注重提高教学质量,提供先进的教育技术和教学方法,以提高教学效果和用户满意度。高等教育机构还应该关注教学环境的舒适度和安全性,提供良好的学习场所和设施,为用户提供优质的学习体验。

在教育资源的用户满意原则下,高等教育机构还应该注重用户参与和反馈。用户参

与是指用户在教育资源管理决策中的参与和表达意见的机会。高等教育机构应当建立有效的沟通渠道,定期听取用户的建议和意见,并根据反馈意见做出相应调整,以提高教育资源的质量和用户满意度。

教育资源的用户满意原则还要求高等教育机构建立有效的投诉处理机制。用户在接受教育资源过程中可能会遇到问题或不满意的情况,因此高等教育机构应该建立一套完善的投诉处理机制,及时处理用户的投诉,并采取适当的措施解决问题,以保障用户的权益。

三、高等教育人力资源管理

(一)教师队伍建设

为了确保教学质量和推动高校发展,教师队伍的建设不容忽视。在高等教育人力资源管理的框架下,教师队伍建设应当遵循以下原则:

1.优先发展教师队伍

高等教育的核心在于教学,而教师是教学的主要实施者。因此,建设一支高素质、专业化的教师队伍是至关重要的。高校应该重视教师的培养和聘用工作,为教师提供良好的成长环境,确保教师队伍的稳定和持续发展。

2.注重师资结构的优化

高等教育机构和学科专业之间往往存在差异。在教师队伍建设中,应该注重学科结构的合理配置,确保教师队伍的专业能力和学科匹配度。

3.完善教师培训和评估机制

教师队伍的培训和评估是提高教学质量的重要手段。高等教育机构应该建立健全教师培训体系,提供各类培训机会,促进教师的专业学习和教学研究。同时,应该制定科学合理的教师绩效评估标准,通过评估结果激励教师,并为其提供发展空间。

4.加强与外界的交流与合作

教师队伍的建设不仅仅需要内部的培养和提升,还需要与外界的交流与合作。高等教育机构应该积极与国内外优秀学府、科研机构和企业合作,引进外部优秀教师,推动教师队伍的国际化和专业化发展。

(二) 学生人力资源管理

学生是高等教育机构最重要的资源之一，有效的学生人力资源管理对于提升教育质量和培养优秀人才至关重要。学生人力资源管理需要从招生录取、培养管理、评价考核以及学生发展等方面进行考虑。

招生录取是学生人力资源管理的起点。要制定明确的招生政策和录取标准，确保招生质量与高校的办学目标相一致。考虑到不同专业和学科的需求，可以根据学生的综合素质、学业成绩、面试表现等多个因素进行综合评估，以选拔优秀的学生。

培养管理是学生人力资源管理的重要环节。高校应该建立健全学生培养方案，明确学习目标和培养要求。为学生提供良好的学习环境和资源，激发学生的学习兴趣。同时，高校还应该注重学生的综合素质培养，包括培养学生的创新思维、实践能力和团队合作精神。

评价考核是学生人力资源管理的重要手段。高校应该建立科学、公平、有效的学生评价体系，不仅注重评价学生的学术成绩，还要充分考虑学生的实践能力、创新能力和综合素质。高校可通过多种评价方式，如考试、论文、实践报告、项目评估等，全面了解学生的学习情况和发展变化。

学生发展是学生人力资源管理的重要目标。高校应该关注学生的终身发展，提供就业指导、创业支持等服务，帮助学生顺利实现个人价值。此外，高校还应该鼓励学生参与社会实践、志愿者活动等，培养学生的社会责任感和公民素养。

(三) 非教职人员资源管理

在高等教育机构中，非教职人员扮演着重要的角色，包括行政人员、实验室技术员、图书馆管理员等。他们为高等教育的顺利运行提供了关键的支持和服务。因此，非教职人员资源管理是高等教育资源管理中不可或缺的内容。下面，笔者将从招聘与选拔、培训发展、绩效评估等方面探讨非教职人员资源的有效管理。

招聘与选拔是非教职人员资源管理的重要环节。高等教育机构应该制定明确的招聘标准和程序，以确保招聘到具备相关专业知识和技能的人才。除了学历和工作经验外，还要重视应聘者的综合素质和潜力。招聘过程应该注重公正、公开和透明，遵循招聘规范，防止职务滥用等现象的发生。

培训发展是非教职人员资源管理的重要环节。高等教育机构应该为非教职人员提供系统的培训计划，以提升他们的专业素养和职业能力。培训内容可以涵盖工作技能、沟通协作、领导能力等方面。高校还应鼓励和支持非教职人员参与学术交流和职业发展活动，为他们提供学习和成长的平台。

针对非教职人员的绩效评估也是管理的重要环节。通过定期的绩效评估，高校可以客观评估和核查非教职人员的工作表现和贡献。评估结果可以作为奖励和激励的依据，激发非教职人员的工作积极性和创造力。同时，对于工作不达标或存在问题的非教职人员，应该及时进行指导和改进，以提高整体工作质量和效率。

四、高等教育物力资源管理

（一）教学设备与设施管理

教学设备与设施是高等教育资源中至关重要的一部分，对于提供优质的教学环境和教育服务具有重要的作用。在高等教育物力资源管理中，教学设备与设施的管理是很重要的。

首先，高等教育机构需要建立健全教学设备与设施管理制度。这包括制定清晰的设备使用规章制度，明确设备的使用范围、使用方式，以及设备的维护和保养等方面的管理要求。同时，还需要遵守相关法律法规，保障设备的安全性和可靠性。

其次，高等教育机构应当加强设备的质量管理。这包括从设备的选购、采购、验收、入库管理等方面进行全面监控和控制，确保设备的品质符合教学需求和标准。同时，还应定期进行设备的检测和维护，及时修复和更换老化和损坏的设备，以保证教学设备的正常运行。

最后，高等教育机构还需要注重教学设备与设施的有效利用。这要求加强对设备的规划和管理，合理配置和分配设备资源，确保设备的使用率和使用效率最大化。同时，还应加强对教师和学生的设备使用培训，提高他们对设备操作和维护的能力，以提高设备的使用效果和教学质量。

高等教育机构需要积极开展设备的更新与升级。随着科技的不断发展和教学需求的变化，部分设备可能会逐渐过时或无法满足教学的要求。因此，高等教育机构应定期对设备进行评估和更新，采购先进的教学设备，以提高教学的质量和效果。

（二）校园环境资源管理

校园环境资源是高等教育资源中不可或缺的一部分。它包括校园的自然环境和人为环境，对于创造良好的学习、工作和生活条件具有重要意义。校园环境资源的管理是为了给学生提供一个安全、舒适和适宜学习的环境。

1.注重校园的绿化和生态建设

高校通过增加绿化覆盖率、种植各类植物、建设生态湖泊等，不仅可以美化校园环境，还能改善空气质量，为师生提供一个清新的学习和工作环境。此外，注重环境保护和生态平衡，减少校园环境污染，也是校园环境资源管理的重要方面。

2.注重校园安全

校园安全是教育资源管理中的重要任务，校园环境资源管理在这方面起着关键作用。高校应建立健全安全管理体系，加强对校园内外的安全防范措施，确保师生的人身安全，如安装安全监控系统、加强校园巡逻等。

3.关注校园设施的维护和更新

高校校园中有各种各样的设施，如图书馆、实验室、学生宿舍等。这些设施的维护和更新是确保教育资源正常运行的重要保障。高校应制订学合理的设施维护计划，进行设施的定期检查和维修，确保设施的正常使用。对于老旧设施的更新也是必要的，以满足教育教学的需要和师生的需求。

（三）教育信息化资源管理

教育信息化资源管理是高等教育物力资源管理的重要组成部分，它着眼于如何有效利用信息技术和网络平台，提升高等教育的教学与管理水平。在当今互联网时代，教育信息化资源的快速发展和广泛应用已成为高等教育的重要趋势。

1.实现教学的在线化和数字化

高校可通过建立和完善教育信息平台，将教学资源进行数字化存储和管理，实现教师和学生之间的在线交流和互动。这样不仅能够提供个性化、丰富多样的学习资源，满足学生不同层次的学习需求，还能够提高教师教学效果和学生学习效果。

2.教育信息系统的建设与维护

高校要通过建设信息化管理系统，实现教务、教学、科研和管理等方面的信息化管理，提供高效便捷的服务。此外，要加强系统的维护和更新，保障信息系统的安全和稳定运行。

3.注重教师培训和技术支持

对于教师而言，他们需要具备使用教育信息化工具和平台的操作技能，掌握在线教学的方法和策略。因此，高校应当加强对教师的指导，提供有针对性的教育信息化技术培训，同时提供技术支持，帮助教师解决在线教学过程中遇到的问题。

4.注重教育信息安全的保护

高校要加强网络安全建设，建立完善的信息安全管理制度，制定信息安全规范，保障教育信息的安全。此外，学生还应加强对学生信息的保护，保护学生的隐私权和个人信息安全。

第五章 高等教育管理的创新实践

第一节 高等教育管理创新的必要性

当今世界，高等教育的发展异常迅猛，高等教育思想、教育体制、教育内容、教育手段等无不发生着深刻而巨大的变化。我国高等教育事业要快速、健康持续发展，永葆生机和活力，关键就在于不断推进高等教育管理创新。管理实践也表明，没有管理的创新，也就没有管理目标的实现。党的二十大报告强调，要统筹职业教育、高等教育、继续教育协同创新。可见，加强高等教育管理的创新和实践探索，是实现我国高等教育振兴的必然要求和现实需要。

一、市场经济的完善要求高等教育管理创新

人们往往把高校管理与一般行政组织和经济组织等同起来，习惯于用行政方式来管理高校事务，形成了以行政约束为主导的管理机制，以至于行政权力过于膨胀，学术权力弱化。随着社会主义市场经济的不断完善，一元的高等教育体制逐渐被打破，教育行政部门开始转变职能，向高校下放权力，国家对高校的管理由微观管理转向宏观指导，由单纯行政管理转向市场调节和法治管理。高等教育管理要适应社会主义市场经济，就必须创新。

二、知识经济的发展呼唤高等教育管理创新

知识经济的发展取决于高等教育的发展,更赋予了高等教育新的使命。知识经济的发展对传统的高等教育提出了挑战,要求它在转变教育观念及思维方式的基础上,实现体制创新、管理创新、技术创新,在遵循高等教育规律的前提下实现高等教育规律与市场作用的有机结合,并与之同步。同时,与知识经济相适应的高等教育,必须是具有自身内在活力机制的高等教育,必须是多种办学模式并存的高等教育,必须是优化资源配置、走内涵式发展道路的高等教育。因此,高等教育应当根据经济社会发展的内在要求,选择具体的发展战略和具有特色的教育发展模式,并以此作为高等教育管理改革的根本依据。可见,高等教育管理要适应知识经济的发展,创新是其必然的选择。

三、高等教育普及化需要高等教育管理创新

2022年,我国建成世界最大规模的高等教育体系,高等教育毛入学率达到59.6%,进入了世界公认的普及化教育阶段。高等教育普及化必须以保证教育质量为前提,人才质量是高校教育价值最终的和具体的体现。影响人才质量最主要、最直接的因素就是高校的教学质量。而规模与质量是高等教育在发展过程中必须面对且必须处理好的问题:没有质量的教育,规模再大也毫无意义;只讲质量,不讲规模的教育,效益必然不高,也很难持续发展。因此,随着高等教育从精英化到普及化,高等教育无论是管理思想、管理观念,还是具体的管理体制和管理运行方式,都必须进行调整,甚至要有一个重新定位、重新规划的过程。这就要求高等教育完善管理制度,加强管理创新,在保证质量的前提下,立足于最大限度地满足公众的高等教育需求,以适应高等教育普及化的要求。

四、高等教育国际化要求高等教育管理创新

自从加入WTO(世界贸易组织)后,我国高等教育就进入了国际化的时代。随着全球化的不断深入,一方面,高等教育服务的国际贸易竞争加剧,是否具有国际竞争力成为衡量一所高校教育质量的重要标准;另一方面,高等教育在各个方面面临深层次、

多角度的开放，国外发达国家的办学理念、管理思想、充足的办学资金、先进的教学内容和教学方法等将像潮水般地大量涌入，国外高等教育机构也随之向我国提供更多的服务，这对我国高等教育发展来说既是机遇更是挑战。因此，高等教育管理必须加以创新，积极应对高等教育国际化带来的挑战。

五、高等教育法治化要求高等教育管理创新

全面推进依法治校，是保障高等教育优先发展战略地位，实施科教兴国的重要战略举措。随着高校办学自主权的落实和现代大学制度的建立，政府对大学的管理将更宏观，加强政府的宏观调控、强调高校自主办学的关键就是依法治教、依法管理。这些年，我国大力推进依法行政和依法治教，加快政府职能转变，高等教育依法行政和教育法治建设得到了显著加强。尤其是加入WTO后，我国高等教育进入整个世界高等教育的大范畴内，由政策性的开放转为制度性的开放，高等教育法治化成为更加迫切的现实需求和选择。随着高等教育的逐步法治化，高等教育管理必须走创新之路。

六、信息技术快速发展要求高等教育管理创新

随着信息技术的快速发展，计算机信息系统不仅作为信息的储存、加工处理与传输工具，而且在建立科学的决策机制、优化资源配置和组织机构、提高人员素质等高等教育管理活动中扮演重要角色。对于高等教育来说，信息技术的快速发展，将使整个教育结构呈现出完全不同的面貌。现代信息技术是加速高等教育发展的"特别快车"，有助于实现教育传播和教育管理手段的革命性跃进，它的广泛应用要求高等教育管理必须不断创新并与之相适应。

七、高等教育的特殊性要求高等教育管理创新

自经济学家舒尔茨等人创立人力资本理论后，教育资源作为人力资本投资，被列为生产性投资。教育是全局性的、主导性的基础产业的观点已在世界范围内取得共识。高

等教育生产的是有巨大外部效应的准公共产品,即它不仅对受教育的学生有效益,而且对国家和全社会都有效益。这一特征使得高等教育又有公益事业的特性,因而不能以营利为目的;但高等教育又为经济建设和社会发展培养高级人才,不可能完全由国家财政包办。基于此,在社会主义市场经济体制下,在一些院校和领域采取某些市场机制和企业经营机制,如重视产、供、销衔接,重视投入产出,讲求效益;在财政和人事制度上运用适当的竞争机制等,对高校的发展是十分必要的。

第二节 高等教育管理创新的重点内容

随着 21 世纪的到来,我国高等教育的改革也正在向更深层次推进,大量的改革和不断出现的新情况、新问题给管理工作提出了诸多挑战,这就需要高等教育管理不断寻求创新。高等教育管理创新从形式上看是多样的,从内容上看同样多姿多彩。而事实上,高等教育管理创新任何一种表现形式和具体内容,绝不是孤立的。高等教育管理的任何创新都基于国家政策的宏观指导、管理者对高等教育发展现状的客观判断以及对未来发展趋势的科学预测。因而,高等教育管理创新是一个开放的体系。管理创新从形式到内容都要在这一体系中通盘考虑,以达到创新的初衷。高等教育管理创新主要包括下列内容:

一、创新理念

高等教育事业的改革与发展离不开具有时代精神的教育理念。高等教育事业发展总是离不开理念的创新。高等教育发展战略规划、办学理念等都是理念创新的范畴。只有实现理念创新,才能实现管理创新。我国高等教育要与新形势相适应,就必须解放思想,与时俱进,创新教育理念,尽快确立与我国经济和社会发展需要相适应的教育观。

创新是指改变旧制度、旧事务,对旧的生产关系、上层建筑做出局部或者根本性的调整变动。创新需要清晰的价值和目标,即明确创新理念。创新理念关系到创新的出发点和前进方向。管理者在高等教育管理中应坚持的创新理念包括以下几个方面:

（一）统筹理念

我国高等教育作为公共物品和服务的一部分，其物质载体主要是高校，高校的根本属性是事业单位，这种公益属性不会发生改变，党委领导下的校长负责制是我国高校的领导制度，党委领导作为高校政治权力的集中体现，具有全局性特征，党委在高校内部治理过程中的意见和宏观决策作用不可或缺。

统筹作为一个由数学衍生出的系统科学概念，主要强调的是针对一个事物发展或行为执行过程中涵盖的规划、引导、服务和扶持的完整的过程体系。政府统筹就是站在事物全局的角度统筹思考，洞察事物，谋划工作，整合协调，不能顾此失彼，也不能因小失大，而要兼顾和协调各方面的利益。政府对高等教育的管理可以围绕统筹这一概念展开，包括政府统筹规划、统筹引导、统筹服务和统筹扶持。

1.统筹规划方面

政府应对高等教育发展的速度、规模、质量、结构进行宏观管理，促进形成政事分开、权责明确、统筹协调、规范有序的管理体制；规划好高校布局、学科专业设置、学位授予点；统筹研究生教育、本科教育、高等职业教育和高等继续教育；构建层次分明、类型多样、特色鲜明、充满活力的高等教育体系。

2.统筹引导方面

政府应建立高校学科分类建设体系，实行学术发展分类管理；创新高校人才培养模式，提高高校人才培养质量；加大对高校学术的监督和审查；统筹推进各级各类高等教育协调发展；统筹不同区域的高等教育协调发展；统筹编制符合要求和国情的高等教育办学资质、教师引进、招生质量等多项标准。

3.统筹服务方面

政府应深化高等教育综合创新，推动教育事业科学发展，在关心国家命运、服务国家战略上有所作为，让党和国家满意；在勇担社会责任、满足社会对创新高等教育不断提高的要求上有所进步，让广大人民群众满意；在坚持以人为本，实现好、维护好、发展好高校广大师生员工根本利益上有所建树，让广大师生员工满意。

4.统筹扶持方面

政府应落实扩大高等教育办学自主权，完善我国特色现代大学制度，完善高等教育惩治和预防腐败体系；建立地方政府所属高校的教育职责评价制度；探索建立政府督导高校机构职责运转的机制。

我国明确指出，要建立功能明确、治理完善、运行高效、监督有力的管理体制和运行机制。管理体制和运行机制的重大变革涉及法律制度、组织架构、权责划分、运行规则和利益调整等诸多方面，内涵十分丰富。这都需要政府统筹来部署和实施，还需要政府树立统筹协调政治体制创新和市场经济体制创新的理念，使我国高等教育管理创新与政事分开、管办分离和转变政府职能等其他政治、经济、文化、社会创新密切联系。

（二）参与理念

我国高等教育从新中国成立初期的精英教育走向大众教育，并进入普及化阶段，是我国政治体制创新不断深入的体现，是社会主义市场经济体制深入人心的要求，是社会开放文明的自我需求，是我国文化传承自我提升的动力源泉。

社会参与高等教育管理创新的必要性主要有以下几个方面：

首先，从高校的系统性和开放性来看，高等教育作为一个系统要生存和发展，不可能封闭自我。高校需要汲取自身生存发展所需要的物质资源、人力资源和财务资源，无法忽视与社会普遍联系的客观事实。高校应立足于扩大高校的开放性，建立社会参与高校管理的机制。

其次，在激烈的市场竞争环境下，对人才的需求和竞争成为市场生存的不二法则。市场竞争主体（如企业）需要以极大的热情加强与高校的合作，参与到高校教育的具体实践中，寻求满足自身需要的合格人才。

最后，高校自主化办学带来的就业压力和经费支出以及后勤社会化等也需要得到社会的支持和帮助。总之，高校接纳社会各方面来参与高校管理是必要的且可行的。

社会参与高校管理的内容主要包括以下三个方面：

一是社会参与高校决策，高校管理创新需要吸纳更多的智慧和力量，确保高校的决策方式、机构设置等内部事宜得到民主、科学的监督和反馈。

二是市场权力对高校权力的影响使得社会参与高校管理具体事务的程度越来越深，高校的专业、课程设置不断重视市场需求，高校毕业生就业市场要求高校教育管理贴近社会现实，高校内部事务信息公开，等等。

三是高校的社会服务功能使得社会参与到高校教学科研等高端领域。高校与企业的合作正是社会参与的表现，我国高等教育管理创新是系统工程，能否在市场经济大潮中经受住社会检验是创新成败的关键。我国高校要认清现实发展要求，强化社会服务功能，树立社会服务意识，把社会参与作为自身管理创新的重要内容，实现科技成果转化，提高社会知名度和权威性，满足社会需要的创新目标。高等教育的需求多样性、高等教育走向社会中心以及高等教育经费来源的渠道多元化要求社会参与，这不仅是高等教育发展的共同趋势，而且是实现高等教育内部管理善治的重要保证。

（三）公共利益理念

公共利益是指公众的、与公众有关的或被公众需要的、公用的利益，是指国家和社会占绝对地位的集体利益，而不是某个狭隘或专门行业的利益。《中华人民共和国教育法》第八条规定："教育活动必须符合国家和社会公共利益。"公共利益产生于人与人之间的社会联系，是公民个人利益最终的价值取向，代表着长远的、共同的、整体的个人利益。高等教育的利益主体可以分为国家利益、团体利益和个人利益。国家利益是指国家从高等教育的发展中获得的人才培养、科技技能输出的利益。团体利益是指高校的各种权力主体在博弈过程中获得的利益。个人利益是指参与高等教育过程和活动中的个体获得的参与权、保障权和结果权的利益。这三种利益主体只是基本利益和直接利益，协调利益冲突和分歧、寻求整体利益最大化是公共利益理念的体现。

公共利益正当性的基础是以一定社会群体存在和发展为前提的，受教育权是公民的基本权利之一。因此，保障公民的受教育权成为公共利益取向的共性特征。我国高等教育已经从精英教育转变为普及化教育，受教育群体的数量、受教育群体的文化程度已经具有社会普及性和公民自主性走向，因此高等教育创新的公共利益取向能够满足国家利益和个人利益的诉求。受教育群体的年龄、性别、民族、肤色、国籍、经济状况、家庭出身等因素不会影响到高等教育知识的获取和传播，受教育群体享受的机会均等、无差异。

高等教育管理创新涉及社会公共资源和经费的使用和调配，影响到社会成员的共同利益，创新的成果需要全社会共享。高等教育管理创新的公益性具有公共性、社会性和整体性，包含国家层面的经济利益、政治利益、文化利益、文明利益，也包括社会层面的经济利益、文化利益、政治利益，还包括个人层面的物质利益和精神利益。追求公共利益是高等教育管理创新的核心价值理念，是中国特色社会主义高校创新的前提和出发点，是权力主体追求共同目标的指导原则。

二、科学管理

高等教育传统的管理手段与方法已经无法满足当前经济时代的要求,高等教育领域出现的诸多新生事物从客观上要求对高等教育管理手段及方法进行创新,这就要求必须对高等教育进行科学的管理。

对高等教育进行科学的管理是指高等教育的各项管理工作都要符合管理科学和教育科学的特点和规律,使管理工作法治化、秩序化、民主化和效益化。

在高等教育的管理过程中,要全面推进依法治校的战略对策,建立科学合理的教育法规体系,不断加大高等教育立法的工作力度,深入开展高等教育普法工作,切实加强高等教育行政执法与监督;要实现高等教育民主化管理,完善教职工代表大会制度和政务公开制度,加强学生自我管理,加快高等教育管理民主化建设进程,保证高校的师生员工参与高校管理,尤其是参与各项重大问题的决策,真正实现高等教育决策的民主化和科学化,实现民主管理的制度化、全面化和经常化;要创新管理手段及方法,重视各种预测方法、风险决策方法、数学模型以及计算机网络的开发利用,建设高等教育管理的新平台,促进高等教育管理手段的现代化、科学化。

三、把握职能定位

高校是实施高等教育的社会组织,主要功能是做学问、传授知识和服务社会。高校内部学科和学术活动具有相对独立、相对自由和松散的特点,这决定了高校在本质上是一个相对独立、松散的联合体。高校把握好自身的职能定位,是我国高等教育管理创新的基础条件之一。高校应做到以下几点,以实现对职能定位的准确把握。

(一)突出育人

高等教育承担着人才培养、科学研究、社会服务、文化传承创新和国际交流合作的重要职能。要推动高等教育管理创新,高校首先需要处理好人才培养与科学研究的关系。人才培养是高等教育的根本使命,在职能中居于核心地位,包括科学研究在内的高校一切工作都要服从和服务于学生的成长成才。高校的核心功能是培养全面而自由发展的人才,塑造符合我国发展的合格的社会主义建设人才,这是我国高校现代化建设的社会使命和至上原则。培养专门人才是高等教育的本质特征，高校应突出创新能力培养，进行科学素养和人文素养的融合，造就全面发展的人才。

首先，高校应建立以学生为服务之本的高等教育质量评价体系，把高等教育的传授重心放在学生身上，从关注学生成长和体验出发，确定高等教育教学评估考核的重要内容。

其次，高校教师有必要参与社会实践，增加自身与社会需要的亲身体验经历，打破高等教育内部自我封闭的认识局限。高校教师的社会需求体验和实践一方面可以提高教师解决实际问题的能力，丰富教学素材，促使教师将社会急需技能传授给学生；另一方面可以使教师和学生对社会需求的认知更切合实际，使教师注重培养学生的创新能力和基本学习能力，引导学生树立终身学习观念。

最后，高校必须研究社会需要的各级各类人才的素质结构和能力需要，为社会的人才输出提供品德培养、技能服务、智力保障，以实现知识价值的社会转化效能，实现科技是第一生产力的理论与实践的无缝对接。

（二）注重科研

高等教育的职能是在社会发展需要的基础上形成的，是社会赋予高等教育的任务和职责，是高等教育与社会之间关系的集中体现。高校作为我国科研创新的生力军，是科研竞争的前沿阵地，高校科研输出是高校人才培养、社会服务和文化传承创新职能的重要保证。

高校科研输出的最大化取决于高校科研管理人员的自身素质建设，涵盖知识素质、管理素质、伦理素质和服务素质等，这需要高校完善的科研培训机制作为保障。科研管理职能在通过社会输出实现科技转化的过程中需要努力实现四个"能动"，即能动策划、能动组织、能动跟踪和能动管理。高校应强化科研课题设计和项目申报策划，强化科技成果转化的策划意识，强化科研部门跨学科的创新团队组建，强化社会合作企业的技术成果转化平台推广，强化科技推广的跟踪机制，强化基础研究与应用研究的有效融合。

高校需要牢固树立以高水平科学研究为支撑的观念，鼓励教师重点开展有利于提高教学质量、推动理论创新、服务经济社会发展的科学研究，并将研究成果及时转化为教学内容。教师还要正确处理科研与教学的关系，树立科研为教学服务、科研和教学为社会服务的意识，提高高校的科研实力，提升高校的知名度。

(三）着眼服务型行政

"服务行政"一词最早由德国行政法学家厄斯特·福斯多夫提出。服务行政是由原来的计划经济向社会主义市场经济转变过程中关于行政法的定位和作用的指导理念。学者张成福认为我国行政现代化的目标取向在于建立市场的或亲近市场的政府行政，使公共行政国家权力的载体过渡为公众提供服务的实体。高校服务型行政是指高校行政权力以高校全体师生员工等高校利益相关者的真实需求为服务风向标，为其提供满意的服务为首要职能，不断完善服务保障制度和服务体系的管理模式。

高校服务型行政必须从"以权力和政治为中心"转变为"以大学章程为中心"，从"管制行政"转变为"服务行政"。高校必须遵循有限性、法治性、民主性和有效性原则，树立以人为本的理念，重视学术权力的诉求，增强服务意识；通过沟通与协调的民主平等对话机制，致力于教育质量发展，推动学生的全面发展，增进与其他社会组织的交流与合作；设计符合现实需要的行政服务管理制度，将自由发展权力归还于高校权力各主体，最终实现行政权力与学术权力关系的有效融合、行政权力与学术权力的相互信任、行政权力与市场权力的良性互动。

高校服务型行政必须协调学术权力与行政权力的相互关系。第一，二者的合理性需要兼顾。学术权力的独立行使是高校学术自由、民主管理、公平公正的根基；行政权力的履行是高校管理效率和运行秩序的基本保障。二者只有实现动态平衡和互助共享才能实现我国高校自主发展的目的。第二，二者权力边界需要明确。高校应根据学校章程，建立分工合作、相互制约的关系。第三，二者是高校权力系统的内部构成要件，学术权力是高校权力的基础，行政权力必须为学术权力服务。第四，高校的政治权力创造组织体制保障和构架，行政权力是"制度性权力"，学术权力是"权威性权力"，行政权力需要通过制度设计来确保学术权力应有的地位和权威，实现政治权力的问责协调定位，发挥高等教育内部权力运转的畅通与高效。

（四）注重文化建设

从本质上讲，高校管理是知识和科技的创造性组织，尤其是在我国高等教育管理创新的社会环境形势下，高校管理需要开拓进取的创新精神。只有创新精神才能塑造和铸就具有内涵式发展的高校，从而培育出具有个性的个体和团体。

高校需要打造自身的教育特色和人文底蕴，注重文化建设。一是高校要传承并弘扬历史精神。高校要挖掘自己的历史文化传统，吸收现代大学的办学理念和思想精华，传承高校精神，明晰高校使命。二是高校要树立高校独特观念。高校要秉承高校校训，加强每届师生的校史教育，传承高校先辈的学术追求，强化本校的责任感、荣誉感。三是高校要健全文化制度。高校要完善大学章程，推行制度创新，将精神和行为文化融入制度设计中，用制度督导文化的自我渗透。四是高校要完善标识建设。高校要充分利用校旗、校歌、校徽等文化符号的视觉效果，制定标识使用规范，开发设计独特的文化产品，如高校信笺、邮票、台历、纪念册、公文样本模板、校务公示样板、录取通知书、成绩单和奖励证书等。五是高校要创新文化载体。高校要运用校内事务，如校庆、运动会、毕业典礼、新生入学等仪式，弘扬和传播独特文化内容；创建自身品牌的学术讲座和名家论坛，丰富文化内涵建设，通过文化载体，如图书馆等，营造全面丰富而又个性鲜明的文化氛围。

四、构建权力结构

我国高校拥有的主要权力可以归纳为以党委书记为首的校党组织掌握的政治权力、以校长为首的行政组织掌握的行政权力、以高校学术委员会为代表的学术权力、以社会需求为代表的市场权力。高等教育管理创新作为一个系统工程，相互制衡的权力结构是该工程不可或缺的一个子系统。

（一）政治权力

高等教育所倡导的机会公平和社会公正既符合当代社会的发展趋势，也体现了高校所具有的政治性特点。我国高校构建合理制衡的权力结构，不是简单地剔除国家和政府对高校的控制权，而是为了以党委为主体的政治权力能够找寻适合自身的权力领地，正确发挥高校"举办者"作用。政治权力可通过以下三种途径得以实现：

首先，政治权力要求明确党对高校的领导地位。高校的政治权力是国家权力在高校中的具体展示，决定着高校发展的基本性质，决定着高校人才的培养目标以及高校人才培养标准等重大课题。《中华人民共和国高等教育法》第三十九条明确规定："国家举办的高等学校实行中国共产党高等学校基层委员会领导下的校长负责制。"党委领导下的校长负责制是我国高校的管理特色，能够确保培养合格的社会主义事业人才，更好地贯彻党的教育方针。这也是明确规定的高校内部管理体制。

其次，政治权力要求确保高校相对独立的办学自主权。高校政治权力实际是政府权力在高校的延伸和扩展，改变了全能政府的管理理念和态势，赋予了高校办学自主权。

最后，政治权力要求创新权力观念。在公共管理理念盛行的当下，我国高校的政治权力主体校党委也应顺应时代要求，树立宏观调控理念。校党委应不再以统治者的身份来治理高校，而应是合作者的身份，应关注所有权力和权力主体的利益，鼓励教师、管理者、学生、学生家长、社会用人单位、校友等人士积极参与高校治理，建立广泛吸纳各方利益的代表参与治理的机构，使这些利益相关者平等参与高校治理。

（二）行政权力

行政权力是确保高校运行效率和运行秩序的必要机制。高校行政权力管理权划定是指为行政权力在高校运行过程中设置合理的权力边界，通过以校长为首的行政管理人员的管理工作，提高高校履行职责的效率。高校的行政权力以校长为代表，主要体现在行政组织协调工作上。高等教育管理目的、管理运行方式及管理结果反馈都要求以校长为主体的行政组织具有高校大局观，保证整个高校的有序运行，正确发挥高校办学者作用。高校行政权力具有一元性特征，即一所高校只能有一个行政权力系统，权力的运行是自上而下逐级实施的。高校办学规模的不断扩大和内部管理的日益复杂都对行政权力的发挥带来了挑战。

高校的行政权力承担着人才培养、科学研究、社会服务、文化传承创新和国际交流合作的重要职能，这些职能可以通过两种途径来实现：一是以校长为首的行政组织代表国家和政府管理高校，发挥管理者职能，主要使高校通过科研、教学来实现合格人才培育、人才智力发挥、研究型与实践型科技成果孵化等社会价值；二是以校长为首的行政组织扮演高校内部自我管理的掌控者角色，主要通过协调组织机构运行、完善自我管理模式、提高校内部资源配置、打造特色文化底蕴等自我价值实现过程流转。以校长为首的行政组织履行高校行政权力时，要摒除高校行政化中的不利因素，坚守高校管理章程所限定的管理权限，强化高校行政权力的服务意识，营造高校学术权力充分发挥的制度环境和人文环境，实现高校与政府、社会、市场的和谐共处。

（三）学术权力

学术权力是大学精神的体现，是大学内在逻辑的客观要求，是大学本质特征的外化，也是建立现代大学制度的核心。学术权力以高校学术委员会为代表，参与主体是高校教师。学者自身的权威、自上而下的运行方式是高校权力的基础。具体来说，学术权力就是指让最有资格学习的人进入高校，并了解他们是否掌握了知识，是否应该获得学位，是否有资格服务社会。学术权力至少包括高校的课程设置权、教学自主权、教育评价权和文凭认定权。

学术权力肩负高校生态系统中的特定组织使命，力求实现教学自由、学习自由、研究自由，与行政权力一并主导高校内部事务的决策。尤其对于行政权力干扰学术自由权的行为，高校学术委员会必须坚守持之以恒的学术理性和自由平等的学术资格，重视学术权力的基础建设和学术人才的自我权益保护。

（四）市场权力

对于整个高等教育管理的大系统来说，内部环境与外部环境是相互作用的。外部环境包含诸多因素，如国家和政府的调控、人民和社会的需求等，但在这诸多因素之中，市场是核心和关键。经济体制创新是全面深化创新的重点，核心问题是处理好政府和市场的关系，使市场在资源配置中起决定性作用和更好地发挥政府作用。

从历史发展过程来看，市场权力在我国高校发展过程中处于遮蔽状态，它主要通过学生报考志愿、大学生就业等途径展示对高校发展的影响力。从历史发展趋势来看，市场在我国高校管理创新过程中发挥着越来越大的作用。改革开放以后，市场就开始逐步渗透到我国高校发展中，经过40多年的发展壮大，市场力量越来越强。例如，我国逐渐形成了以公办高校为主、社会各界广泛参与、公办学校和民办学校共同发展的高校办学体制，实行市场机制的就业环境和人才竞争；我国高校的专业、课程设置不断重视市场需求，公办高校与民办高校的竞争也日益激烈。市场权力的行使是抓住外部环境中市场的关键，是发挥市场在高等教育资源配置中起决定性作用的重要举措。市场主要通过以下三种途径来行使其权力：

首先，市场权力要求高校教育服务质量贴近现实需求。我国高校毕业生数量在不断增加，总量屡创历年新高，毕业生就业压力大已成为不争的事实。学生就业情况严峻，高校的教育质量需要更加适应市场的需求和变化，高校要重视学生参与市场经济活动的能力和条件，摒弃盲目以自我为主的办学理念和不思进取的教育观念，需要发挥政治权力在我国高校发展中的调控权。

其次，市场权力要求打破高等教育资源创新服务垄断。随着我国经济的不断发展和我国居民家庭支付能力的不断提高，高等教育资源作为最有潜力和最有回报的市场，对外交流的范围正在不断扩大。教育部发布的数据显示，我国高等教育的人才流失情况正在不断加剧，而我国高等教育创新服务主要还是被一些高校所垄断。如何打破高等教育创新服务的垄断，实现全社会高等教育资源的共享，提高我国高等教育的世界影响力显得非常重要，这就需要发挥学术权力在我国高校发展中的作用。

最后，市场权力要求大学信息透明、公开。伴随着我国政治体制创新的步伐，更充分的信息不仅服务于保护消费者的目的，而且可以提高生产者的效益。我国近年来陆续有单位或团体发布我国大学排行榜，而这需要我国高校的声誉、学生保持率、学术研究成果、专业排名等多维度和多指标的权重展示，这些事关高校教育质量信息的大量公开需要我国高校行政权力发挥管理作用和政治权力发挥调控作用。

五、健全机构设置

高校作为一个组织，其组织架构和制度安排必不可少。我国高校创新基于创新理念、职能定位以及对权力结构制衡的思考等，需要建立合理的机构以满足创新的需要。正确的创新理念要求机构设置多元化和民主化；精准的职能定位要求机构设置简约化和扁平化，要求建立科学合理的横向组织机构；制衡的权力结构要求机构设置制度化、规范化和程序化。我国高校的机构设置主要包括行政执行机构、学术自治机构和监督反馈机构三大类，它们分别是高校行政权力、学术权力和市场权力职能行使的载体，是权力有效运行的制度安排，是高校创新理念的现实选择和职能定位的理性判断。

（一）行政执行机构

高校的行政执行发起人是校长。校长办公会成员包括校长、各行政处处长，该会议主要针对高校内部事务进行行政执行，召开的频率高，参与执行的人数多，执行的效率高，关注的对象多，其主旨是服务高校、服务师生、提供保障。校长办公会的常设机构是校长办公室，校长办公室主要组织、安排和协调校长办公会的召开、高校事宜以及对外事项发布。校长办公室下设人事处、财务处、医务处、总务处、就业处、保卫处、外联处等校级层面的行政服务保障机构和各学院里设置的院级层面的行政服务机构，学院办公室由辅导员、学院行政主任等行政人员构成。

（二）学术自治机构

高校在大学章程的制度设计和保障下，成立了学术委员会、学位委员会和教学委员会三大学术自治机构，常设的机构分别为学术工作部、学生工作部和教学工作部，管理高校的图书馆、电教中心、实验室和出版社，其工作内容涵盖高校学生的招生、录取、选课、学术活动、学生活动、学习安排等。

1.学术委员会

由科技处和研究生部负责人以及各学院和重点实验室中具有正高级专业技术职称的代表组成，承担学术决策职责，包括学术水平评价、科研项目申报、科研项目评审、学术道德评审、学术规范教育、学术诚信教育、学术不端行为审查等。

2.学位委员会

由科技处和研究生部负责人、分委会主席及具有正高级专业技术职务的代表组成，承担学科学位评定职责，包括审议学位点申报、学位授予、学位撤销、指导教师审查等。

3.教学委员会

教学委员会的主要职责包括：审议高校教学工作规划和重大教学创新方案，指导全校教学工作；审议高校专业建设、课程规划、教材编订、实验室及实践教学基地建设；审议教学奖项评审，推荐各类奖学金；审议高校教学管理规章制度；审议高校教育教学研究及项目课题申报；开展教学调研；等等。

高校各学院也分别成立以上学术工作部、学生工作部和教学工作部的下属机构，自主管理高校师生的学习、活动、学术、科研和对外交流。高校各学院院长是学术权力的代表，不依附于行政权力而自主实施管理，按照以上三个委员会的内部宽松的学术氛围和松散的组织形式来满足本院学生的德智体美劳等各种技能的需求。

（三）监督反馈机构

高校在大学章程的制度设计和权力制衡下，成立校友会、校企联合会、工会、纪律检查委员会和审计监察处等监督反馈机构。监督反馈不受行政权力和学术权力的影响，具有高校政治权力。监督反馈机构既要监督反馈行政执行机构的设置和职责行使，又要监督反馈学术自治机构的设置和职责行使，具有配合高校相关机构做好高校自主发展工作的协同作用。

六、保障运行机制

运行机制会严重影响高等教育管理创新，高效的运行机制是高等教育管理创新的必备条件。具体来讲，运行机制的高效有赖于科学的决策体制、和谐的外部环境和有序的内部关系。

（一）建立科学的决策体制

决策体制是决定运行机制是否高效的前提和基础，建立科学的决策体制，就是要探索大学决策体制的范围、决策内容以及决策实施等活动。决策体制要服务于高校办学定位和大学精神，决策内容要针对高校办学自主权和办学风格等宏观层面，决策实施要配合管理制度和大学章程的具体规定。此外，决策机制还要结合高校内部权力运行机制进行布置安排。其中，高校办学模式和办学水平的确立是决策的核心与前提。

在行政化高校管理模式下，决策体制是高校政治权力与行政权力统一成高校党委领导下的校长负责制，遵从于所属政府机构。同时，高校内部决策系统主导高校发展，也是基于科层制的管理模式的，部门负责人实施行政长官负责制，隶属关系明显。在政府主导的高校决策体制中，高校内部评价标准和依据是政治权力价值标准和权力价值依据的再现。为了解决党委领导下的校长负责制决策体制带来的政治权力和行政权力泛化，规范权力运行，推行专家治学，鼓励决策参与，需要重构高校内部决策体制。

第一，高校应完善党委领导下的校长负责制，深化高校决策联席委员会。高校党委和校长的民主集中制决策体制可以避免政治权力和行政权力的混淆。高校党委作为高校政治权力的核心，其权力来源于国家，在高校中处于统治地位。我国高校党委肩负重任，主要工作是把握正确的高校办学思路，确定高校办学目标，明确高校办学任务，实现高校的内涵式发展。高校决策联席委员会以高校党委为主导，职责很清晰。高校决策联席委员会的主要职责是遵守大学章程，把握高校发展方向，抓好大事，做好协调沟通。我国高校校长作为高校的法定代表人，在高校章程的明确界定下，应积极行使行政职权，全面负责高校的内部管理和组织建设。

第二，高校应提升学术权力的地位，体现大学精神。构建我国高校决策体制的一个重要课题是提升学术权力地位，使之成为行政权力的平等制衡权力。学术权力的主体是学者，高校应按照章程，保护学者个体的学术权力，使学者成为自身学术工作的主导者和发起者，不依赖于行政指导，靠市场权力奠定自身学术权威。高校应根据章程，建立自我评价和选拔机制，实施扁平化、非集权、松散的自主管理模式，通过学术机构即学术委员会、学位委员会和教学委员会来主导和行使高校学术权力，实现学术自由。

第三，高校应推动制度创新，树立大学章程的崇高地位。民主和法治是时代进步的标志，更是大学发展的基础，建立现代大学制度就是要保证大学的学术自由，营造兼容并蓄、和而不同的学术环境。大学章程是高校的最高法则标准和权力界定规范，是现代大学制度的最重要载体，也是联结高校政治权力、行政权力和学术权力的纽带，涵盖信息公开制度、质询制度、人事罢免制度、问责制度、激励制度。

第四，高校校长负责制下的决策体制，需要遵守依法治校、民主管理的原则，这是社会主义政治文明在大学的集中体现。这就要求高校在创新决策体制上做到以下三点：其一，高校应使行政决策主体多元化。高校应鼓励高校师生参与高校的发展和建设，使决策科学化、规范化和专业化；增加高校教师的权利，使教师拥有自主治学权和参与决策权等相关权利；提升学生在高校内部管理中的地位，学生是高校决策的相关利益者，应该有能力参与决策；适当削弱行政人员的权力；充分吸收校外各界人士参与高校决策，实现大学管理民主化和治理多元化。其二，高校应使决策过程参与民主化。高校应推行校务公开，既要公开决策过程，又要公开决策结果。高校应根据大学章程管理办法对凡涉及师生员工切身利益、需要师生知晓以及高校管理规章制度等事项，均通过高校的网页、校报、公示栏、微信公众号等媒体及时准确公开。其三，高校应沟通协调决策反馈。高校应建立决策事前意见征集、决策流程沟通、决策意见诉求归集、决策结果反馈改进等机制；保持信息沟通顺畅和回应解答及时。

（二）营造和谐的外部环境

保障机制高效运行的和谐外部环境的营造主要着眼于两个关系的处理：一是高校与政府的关系，二是高校与社会的关系。

1.和谐外部环境的营造需要弱化政府与高校的关系

一方面，从高校的本质属性来看，政府与高校的监管与被监管的角色定位需要被重新审视。高校是国家教育发展的重要组织，基于高等教育事业的公益属性，政府作为国家的管理机构必须对高校进行监管。政府监管权与高校自主权是我国高等教育管理中的一对矛盾体，过多监管势必扼杀高校自主权，过分放权又难以保证高校发展的正确走向。为了实现政府监管权与高校自主权之间的适度平衡和职责定位，就需要弱化政府在高校发展过程中的直接监管权力，将政府监管转换成契约形式的制衡监管较为合理。为了保证高校发展不脱离社会主义的方针政策，最终实现国家人才培养计划的国家利益，政府对高校的监管是必要监管。必要监管即由政府直接管理转为间接管理，由微观管理转为宏观调控管理，由严格从属地位管理转为平等契约制衡管理。政府应通过明确的权利与义务的内容来监督和约束高校，这有助于达到政府与高校的适度平衡。

另一方面，从高校的发展历程来看，政府与高校的教育行政管理模式需要变革。我国部分高校在整个构成和运行方面与行政机关在体制构成和运行模式上有着基本相同的属性，接受政府行政管理的统一模式、统一标准和统一步调，自上而下进行建设和发展，这影响了高校办学自主权的行使。在部分高校中，内部行政人员成为高校运行的核心，教学科研人员丧失了对高校的支配权，导致高校主体出现混乱的情况。为了实现高校行政权力、学术权力和民主管理权力相互制衡和监督，需要转变教育行政管理职能。政府不能使其行政权力触及高校的内部管理事务，需要充分尊重高校的独立主体地位。政府只需要在高校的教育目标、教育质量、人才培养、教育经费等方面进行详细规定。政府应允许高校自主制订教育计划、自主开展科学研究、自主确定内部机构设置和人员、自主管理和使用财产。政府对高校的主要管理职能是制定高校教育发展规划、进行宏观调控、提出指导建议等，不干涉高校内部事务，从而与高校形成合作关系。

2.营造和谐的外部环境需要强化高校与社会的关系

高校属于知识组织，其职能在于通过教学传承知识，通过科研创新知识，通过社会服务应用知识。传承知识、创新知识、应用知识都是服务于学生和社会的。塑造学生人性、完善学生人格、培养学生技能，从而为社会发展提供智力支持保障，这是高校的崇高使命。在弱化政府与高校关系的前提下，通过何种方式和方法加强其他社会资源的获得和输出成为高校发展的集中指向。

高等教育不断适应社会发展的要求是二者互动的动力基础，合作共建联合机构是二者互动的运行保证。高校与社会的良性互动关系可以概括为"若即若离"，具体可以表述为："若离"是指思想、理智活动的独立，以及与高校外部运行机制保持相对独立；"若即"是指高校与社会密切联系，互融互洽。高校与社会的良性互动主要表现在两个方面：一方面，社会是高校的外部环境和基础，高校以社会为存在前提，汲取社会文化和社会资源完善自身；高校的人才培养和科技输出对象是社会，高校以满足社会需要和人类发展为社会价值追求。另一方面，高校作为社会的中心力量，指导社会体系的健全和完善，秉持开放、自由、民主的精神充当着社会前进的精神导师，同时接受社会体系的适度介入和环境影响。

但是高校与社会的密切联系是建立在高校独立自主办学的前提下的，即高校是为社会服务的教学科研中心，而不是社会中企业的一分子，高校办学自主权、财政自主权是基于政府投入和问责调控的，市场规律不会主导高校发展。高校对国家和社会的文化和精神等无形资产以及基础知识研发和社会公共利益至上的教学理念是高校所必须坚守的阵地。与此同时，社会对高校的认同和资源投入是有条件的，要求高校进行更多的社会参与和决策反馈。

（三）理顺内部关系

高校内部关系是高等教育管理创新成功的重要保证。高等教育管理是以学术为中心的管理，其目的是促进学术的发展。学术管理的基础是学术思想的自由和探索的自由，所以高校管理者应发挥学术权力的主导作用，遵循学术自由、民主管理的原则，在高校内部营造民主、宽松的学术氛围，为科学创造提供良好的学术环境。理顺高校内部关系主要是指协调行政权力和学术权力的关系，落实高校办学自主权，遵照大学章程，依赖高校内部合理的机构设置，实现高校善治。从本质上来讲，理顺高校内部关系是多中心化治理过程。高校可以通过以下几种途径来理顺内部关系：

第一，高校应健全和完善大学章程。高校章程是高校内部权力运行的法制基础，是高校内部权益相关者的制度化规范文件，是高校管理运行的纲领性指导。高校章程必须明确高校内部政治权力中问责权的行使、行政权力中管理权的界定、学术权力中专业权的行使、市场权力中参与权的行使等相关制度性规定，为高校管理创新提供法律依据。

第二，高校应优化高校内部决策权力结构，确保学术权力在学术管理中的主导作用。高校应明确"三会"（学术委员会、学位委员会和教学委员会）的具体职责，行使学术范围内的决策、管理、监督、实施和咨询职能，加强"三会"组织建设、人才建设、制度设计，依据高校章程坚守学术道义、大学精神以及校训；建立质量为上的学术评价制度，建立公开、透明、公正、严格的聘任、晋升、科研激励制度，让学术管理回归学术本位；凸显严谨求实的学术态度和风气，确保学术评价活动的独立自主评议。

第三，高校应完善校长负责制，提高行政管理水平。高校应依据学校章程，规范校长行政权力的行使范围和权限，使其专注于服务学术、服务学生和服务高校的目的。校长应具有教育管理能力和现代管理能力，全权处理高校行政事务，接纳吸收市场权力的决策并参与咨询、意见反馈，公平处理校务与学术的从属与主体定位纠纷，尊重学术，尊重教授，重视人文建设；促进高校内部组织机构设置扁平化，提升行政管理人员的服务意识和业务技能水平；完善高校人事制度、后勤管理制度、财务管理制度、信息管理制度等行政管理具体制度。

第三节 高等教育管理理念的创新实践

一、OBE 理念

（一）OBE 理念概述

OBE（Outcome-Based Education，成果导向教育），又称能力导向教育、目标导向教育或需求导向教育。OBE 理念是一种以成果为目标导向、以学生为本、采用逆向思维的方式进行课程体系建设的理念，是一种先进的教育理念。OBE 理念与传统教育理念的最大区别在于其倡导学生的主动学习和自主发展，注重培养学生的能力。

OBE 理念的核心思想是关注学生学习的成果和能力。传统教育往往着重于教师的教学内容和方法，而 OBE 理念则将学生的学习成果作为评价的重点。不同的学科有不同的学习成果目标。通过设定明确的目标和标准，学生能够清楚地知道他们需要达到什么样的能力水平，从而更加注重学习的过程和结果。

OBE 理念强调学生的能力培养和综合素质的发展。在 OBE 中，学生需要通过不同形式的任务和作业，展示他们在知识、技能、态度等方面的综合能力。这种综合能力培养要求学生具备批判性思维、问题解决能力、团队合作意识等多方面的素质，以适应日益复杂和多变的就业环境。

OBE 理念注重学生自主学习能力的培养。在传统教育中，教师往往扮演着知识的传授者和指导者的角色，而在 OBE 中，学生需要主动参与学习过程，发挥主观能动性。他们需要通过自主构建知识、自主解决问题等方式进行学习，从而培养自主学习和自我管理的能力。

OBE 理念强调对学生学习成果的全面评估。在传统教育中，评价往往只注重学生的学习成绩，而忽略了学生的能力和综合素质的培养。而 OBE 理念强调多样化的评价方式，以全面了解学生的学习情况和能力发展。

（二）OBE 理念的实施

为了确保学生能够真正实现所设定的学习目标和评估标准，在实施过程中，高校需要采取一系列有针对性的措施。

高校应该建立健全学习目标和评估体系。学习目标应该明确、具体，能够直接衡量学生在各个领域的学习成果。评估标准应该与学习目标相匹配，并采用多元化的评价方式，包括作业评估、项目评估、实践评估等，以便全面了解学生的学习情况。

高校应该为学生提供有效的学习支持和资源。这包括教师提供的指导和辅导，以及各种学习资源，如图书馆、实验室、网络学习平台等。高校应提供必要的学习支持和资源，帮助学生更好地理解和掌握所学知识，促进其实现学习目标。

高校应该鼓励学生参与实践和实际项目。通过与实际项目的结合，学生可以将所学的理论知识应用到实际中去，提高自己的实际操作能力和解决问题的能力。这样的实践经验对于学生的综合素质提升和就业竞争力的培养具有积极作用。

高校还应该为学生提供学习的反馈机制。学生需要得到及时的反馈信息，了解自己在学习过程中的不足和进步。通过反馈机制，学生可以更好地调整学习策略，提高学业成绩。

（三）OBE 理念在高等教育管理中的应用案例

在高等教育管理中，OBE 理念的应用案例屡见不鲜。下面以几个典型案例来探讨 OBE 理念在高等教育管理中的具体应用。

高校 A 在教学过程中结合 OBE 理念，注重培养学生的实践能力。该校设计了一门实践课程，学生在课程中通过参与社会实践活动，与实际问题进行接触与解决。在课程教学中，教师注重引导学生进行实践探索、团队合作和问题解决，通过项目制的方式，使学生能够将理论知识应用到实际情境中，提高学生的实践能力。

高校 B 注重培养学生的创新能力。在教学过程中，教师应遵循 OBE 理念，鼓励学生进行创新性的思考和实践。学生在课堂上有机会参与到创新项目中，通过团队合作和独立思考，提出新颖的创意和解决方案。这样的教学方式激发了学生的创造力和创新精神，使他们能够在以后的职业生涯中更好地适应社会的需求。

OBE 理念在高等教育管理中的应用还体现在课程设计和评价方式上。一些高校在教学过程中采用模块化的课程设计，将课程划分为不同的模块，每个模块都设置了相应的学习目标和评价标准。学生通过完成模块化的学习任务，逐步实现整体的学习目标。通过这种方式，学生能够更加清晰地了解自己的学习进程和成绩表现，同时也便于教师对学生的学习情况进行全面评估。

二、人本化管理理念

（一）人本化管理理念概述

人本化管理理念是一种以人为核心的管理理念，强调尊重和关注个体的需求和发展。在高等教育管理中，人本化管理理念的应用可以在很大程度上提升教育质量，促进学生发展，并增强高校的竞争力。

人本化管理理念注重充分发挥每个个体的潜力。高校作为一个组织，其核心资源在于人才。通过人本化管理理念的应用，高校可以更好地尊重每个员工的专业知识和技能，充分发挥他们的潜能，从而提高教育教学质量。此外，高校还可以注重培养学生的个性，关注学生的特长和兴趣，为他们提供个性化的教育服务。

在高等教育管理中，各个部门之间、教师与学生之间、高校与家长之间的协作和沟通是至关重要的。人本化管理理念倡导平等、开放和尊重的沟通方式，使各方能够更好地理解和协调彼此的需求。这种良好的人际关系和沟通机制有助于提高高校的综合管理水平，增进学生与高校之间的互动和信任。

人本化管理理念鼓励员工发挥创造力和参与决策。在传统的教育管理模式中，决策通常是由主管层集中决策的，员工的参与度较低。而人本化管理理念则提倡与员工进行积极的沟通和合作，鼓励员工提出创新的想法和建议，并在决策过程广泛参与，这不仅可以激发员工的积极性和创造力，也能够更好地适应和应对教育管理中的各种挑战和变革。

（二）人本化管理理念的实施

人本化管理理念在高等教育管理中的实施涉及多个方面，包括招生与招聘、教师培训与发展、学生成长与发展等。下面，笔者将分别从以下方面来探讨如何实施人本化管理。

在招生与招聘方面，高等教育机构应当注重挖掘学生的个性和潜能，而非仅仅看重他们的成绩和背景。高等教育机构通过面试、考察社会实践和综合素质评价等方式，了解学生的兴趣爱好、特长和发展需求，以便为他们提供个性化的教育目标和发展机会。

在教师培训与发展方面，人本化管理理念要求高等教育机构关注教师的专业成长和心理健康。为教师提供持续的专业培训和发展机会，帮助他们不断更新知识和教学方法，提升教学质量。此外，还关注教师的心理健康，建立支持体系，提供心理咨询和帮助，为教师创造良好的工作环境和情感支持。

在学生成长与发展方面，高等教育机构应当注重培养学生的综合能力。高等教育机构通过提供多样化的教学方法和课外活动，鼓励学生发展自己的兴趣和特长，并提供相应的资源。高等教育机构还应建立个人发展规划和指导体系，帮助学生更好地规划自己的学业，并提供职业咨询和实习机会，促进学生的职业发展。

（三）人本化管理理念在高等教育管理中的应用案例

在高等教育管理的应用案例中，有一所高校采取了人本化管理理念，取得了显著成效。他们建立了一套完善的教师评价和激励制度，通过定期教学观摩、同行评议等方式，促进教师之间的学习互动和共同进步。高等教育管理机构应重视学生的反馈和评价，建立学生参与高等教育管理决策的机制，使学生的声音得到更多的重视和反馈。这样的实践不仅提升了教师的专业能力和教学质量，也激发了学生的学习积极性和发展潜能。

人本化管理理念在高等教育管理中的应用具有广泛而深远的影响。以下将通过几个具体案例来说明人本化管理理念在高等教育管理中的应用效果。

在学生辅导和支持方面，人本化管理理念体现了对每个学生的关注。例如，在高校C的学生事务中心，为了帮助学生更好地适应大学生活，他们开展了个性化辅导计划。每一位新生入学后都被分配了一位导师，导师会与学生进行定期会面，了解他们的学习和生活情况，并提供相应的帮助和指导。这种个性化辅导计划让学生感受到了高校对他们的关怀，有助于他们更好地适应大学环境。

在教师培养和发展方面，人本化管理理念注重教师的专业成长和教学创新。高校D的一位教务主任提出了鼓励教师参与教学研究和创新的政策。他们组织定期的教学研讨会和教师培训，鼓励教师参与科研项目和教育教学改革实践。该校还建立了教学创新基金,用于资助教师开展教学项目和研发教材。这些措施激发了教师的热情和创造力,促进了教师的专业发展。

在高等教育机构管理中,人本化管理理念强调建立和谐和民主的学术环境。具体例子是高校 E 的决策机构实行学院民主管理方式。每个学院都设立了学术委员会,由教师和学生代表共同组织和参与学院的重大决策。这种民主管理方式增加了师生之间的沟通和合作,让教师和学生在决策过程中有了更多的发言权和参与度,提高了决策的科学性和可行性。

三、信息化管理理念

(一)信息化管理理念概述

信息化管理理念是在当前信息技术飞速发展的背景下,应对高等教育领域管理需求的一种新思维方式和方法。它强调将信息技术应用于管理过程中,以实现高效、精确和智能化的管理目标。

信息化管理理念的特点体现在以下几个方面:

1.高度智能化

通过应用先进的信息技术,高等教育管理机构可以获取大量的管理数据和信息,进行精确的分析和判断,从而做出科学决策。例如,利用数据挖掘和大数据分析技术,对学生的学习情况进行实时监测和预测,从而制订个性化的教育方案。

2.高效性

传统的高等教育管理模式可能存在着信息传递不及时、决策效率低下等问题。而信息化管理理念利用信息技术的优势,可以实现全方位、实时的信息传递和交流,提高管理效率。例如,采用学生管理信息系统,可以实现学籍管理、选课管理、考试管理等一系列管理业务的自动化和集中化,大大提高了管理效率。

3.个性化

传统的高等教育管理往往是以群体为单位进行管理,缺少个体差异化的关注。而信息化管理理念则充分利用信息技术的灵活性,实现个体化、差异化的管理方式。通过开展个性化学习方案、智能推荐课程等措施,高等教育管理机构可以更好地满足学生个体需求，提升教育质量。

4.创新性

信息技术的发展为高等教育管理带来了许多新的机遇和挑战，管理组织需要不断创新管理方法。信息化管理理念强调不断引入新技术、新模式，推动高等教育管理的创新。例如，利用虚拟现实技术、人工智能技术等，可以开展在线实验、远程教学等创新活动，丰富教育形式和内容，提升学生的学习体验。

（二）信息化管理理念的实施

信息化管理理念是指在高等教育管理中采用先进的信息技术和系统来支持决策、协调、监督和评估等管理活动的一种管理方式。谈到信息化管理理念的实施，主要可从以下几方面着手：

1.建立全面的信息化基础设施

实施信息化管理理念需要具备先进的硬件设备和软件系统作为支撑。高等院校需要进行信息技术基础设施建设，包括网络、服务器、计算机设备等，以确保信息的正常传输和处理。

2.培育专业的信息化管理团队

信息化管理需要专业的技术人员和管理人员共同合作。高校应该加强对信息化管理人才的培养，建设专门的信息技术团队和管理团队，以保证信息化管理的顺利实施。

3.建立科学的信息化管理流程

信息化管理过程中需要建立一套科学、合理的管理流程，包括信息的收集、处理、分析和反馈等环节。高校可以借助先进的管理软件和系统来实现对各个环节的规范化管理，提高管理效率和质量。

4.加强信息化管理的质量控制

信息化管理的实施过程中，需要加强对数据的质量控制和管理。高校可以通过建立完善的数据采集和验证机制，加强数据的准确性和真实性，以保证信息化管理的可靠性和有效性。

（三）信息化管理理念在高等教育管理中的应用案例

通过信息化管理，高校能够实现对学生信息的集中管理和统一管理。例如，在课程安排方面，高校可以通过网络管理系统进行学生选课信息的记录和管理，实时了解学生选课情况，从而制订科学的课程安排和教学计划。高校还可以通过信息化平台，实现学生管理过程的数字化和自动化，提供更高效的服务和支持，增强管理的便利性和准确性。

信息化管理理念还可以应用于教学过程的质量监控和评估。高校可建立教学评估系统，在线收集和分析学生成绩、教师评价和学生评价等相关数据，实现对教学过程和教学效果的监控和评估。这种方式不仅能够及时发现和解决教学过程中存在的问题，还可以为教师提供有效的反馈信息，提高教学质量和学生学习成效。

通过建立统一的教学资源库和网络平台，高校可以将各类优质教学资源进行整合，让师生可以随时随地获取所需的教学资源。同时，利用互联网技术，高校还能够与其他院校进行合作，共同开展教学资源的开发和分享，提高资源利用效率。

通过信息化平台，高校能够实现各个管理环节的全面协同和信息共享，提高决策的准确性和效率，为管理组织提供更全面的数据支持，促进管理的科学化和精细化。此外，信息化管理还能够为高校提供更多的数据分析和预测手段，帮助高校发现潜在问题，提前进行相应调整。

（四）信息化管理理念对高等教育管理的影响

信息化管理理念是当今高等教育管理领域中备受关注和重视的一种管理理念。

信息化管理理念的实施使得高等教育管理的决策更加科学化和精准化。通过信息化技术的支持和应用，高等教育管理组织可以获得更多的数据和信息，从而更好地理解学生的需求、掌握教学质量等方面的情况。基于对这些数据和信息的分析和评估，高等教育管理者能够做出更加科学合理的决策，提出更加符合实际需要的改进建议。

信息化管理理念的实施能够推动高等教育管理的创新与发展。信息化技术的应用可以为高等教育管理提供更多的可能性和机会。例如，在课程管理方面，信息化管理理念的实施有助于在线学习、远程教学等教育形式的推广。这种创新与发展让高等教育的传统模式得以突破，为学生提供更加灵活和多样的学习途径。

信息化管理理念的实施能够提高高等教育管理的效率与效益。借助信息化技术，高等教育管理组织可以更加高效地完成各项管理工作，提高办事效率。同时，信息化管理理念的实施能够帮助管理组织准确评估教学效果、发现问题，并提出相应的解决方案，进而提高高等教育管理的效益。

信息化管理理念的实施有助于高等教育管理的国际化。如今，高等教育机构之间的竞争日趋激烈，而信息化管理理念的应用使得高等教育管理组织能够更好地了解国际前沿的管理理念和实践，与国际高等教育接轨。同时，信息化管理理念也能为高等教育机构提供更多与其他国家合作的机会，促进跨境教育的发展。

四、多元智能理念

（一）多元智能理念概述

多元智能理念作为一种创新的高等教育管理理念，旨在充分发挥学生在不同领域的智能潜力。多元智能理念认为每个学生都具有多种智能，包括语言智能、数学逻辑智能、音乐智能、空间智能、体育智能等。这种理念充分认识到学生的多样性。

多元智能理念强调培养学生的多元能力和兴趣。它不仅注重学生的学术成绩，更注重培养学生的艺术、运动、社交等方面的能力。通过提供多元化的课程和活动，学生可以根据自己的兴趣和天赋，选择适合自己发展的方向。这种个性化的培养方式有助于提高学生的学习效果和发展潜力。

多元智能理念追求教育的全面发展。它提倡经验式学习，注重培养学生的实际操作能力和解决问题的能力。通过将知识与实践相结合，学生可以更好地掌握所学知识，并将其应用于实际生活中。在多元智能理念下，评价方式也更加多样化，注重发现学生的潜能和个性化的发展。

（二）多元智能理念的实施

多元智能理念旨在通过认可和培养学生的多元智能，提升他们的学习能力和创造力。在高等教育管理中，实施多元智能理念需要考虑以下几个方面：

1.明确多元智能的概念和分类

在实施多元智能理念时，需要准确地认识到这些不同的智能类型，为学生的个性化学习和发展提供基础。

2.构建多元智能的评价体系

多元智能理念的核心在于培养和发展学生的多重智能，因此，在实施过程中，需要建立适应多元智能的评价机制。传统的笔试、口试等往往只能考查学生的语言和逻辑智能，而忽视其他智能的发展。因此，需要采用多样化的评价方式，如项目作业、小组合作、展示性评价等，来全面考查学生的智能发展。

3.注重教师的专业发展和素质提升

实施多元智能理念需要教师具备一定的跨学科知识和教学技巧。教师应通过专业培训和学习，不断提升自己的综合素质，具备灵活运用多元智能理念进行教学的能力。教师还应扮演引导和辅助学生发展多元智能的角色，通过个别指导、学习小组、课程设计等方式，帮助学生激发和发展自己的潜能。

4.加强与家长和社会的沟通与合作

多元智能理念的实施需要家长和社会各界的理解和支持。家长应该积极参与学生的学习和发展过程，与高校保持良好的沟通与合作。同时，高校可以与社会资源进行合作，如邀请各领域的专家举办讲座、提供实习和就业机会等，促进多元智能的培养与应用。

（三）多元智能理念在高等教育管理中的应用案例

高校F的领导决定采用多元智能理念，注重培养学生在不同智能领域的发展。他们通过开设不同智能领域的选修课程，如音乐、美术、体育等，给予学生更多的学习机会和发展空间。同时，高校还在课堂上注重多样化的教学方法，引导学生在不同智能领域中发现自己的潜能。通过这样的管理措施，高校成功培养了一批多元智能发展全面的学生，并取得了较好的教育效果。

高校G采用多元智能理念，注重提供个性化的学习支持。高校为每个学生提供了智能评估和导航系统，通过对学生进行全面评估，了解其在各个智能领域的优势和不足，制订个性化的学习计划。同时，高校还建立了智能导师制度，给每个学生都配备一个专门负责指导和辅导的智能导师，帮助学生发展潜能，克服学习困难。这种个性化的学习支持让学生感受到关注和尊重，提高了学习积极性和成绩。

在高校H中，多元智能理念也得到了广泛应用。高校注重跨学科、跨领域的合作与创新，在课程设计和科研项目中充分发挥学生的多元智能。高校鼓励教师组织跨学科合作的教学团队，设计开设多元智能实践课程，如创新设计、实验研究等，让学生在实际问题解决中充分发挥多种智能的优势。同时，高校还积极推动学生参与科研项目，与不同领域的专家进行合作，培养学生的创新能力和跨学科思维。这种跨学科、跨领域的合作与创新方式，为学生提供了更广阔的发展空间。

第四节 高等教育管理模式的应用创新

一、跨学科教育管理模式

（一）跨学科教育概述

跨学科教育是一种教育模式，它通过整合不同学科的知识和方法，培养学生跨越学科界限进行综合思考和研究的能力。跨学科教育的出现源于对传统学科教育的局限性的认识，它旨在培养学生的综合素养和跨学科思维能力。跨学科教育强调学生需要具备跨学科合作、跨学科研究和跨学科创新的能力。

跨学科教育的特点主要体现在几个方面：第一，跨学科教育强调跨学科知识的整合和交叉应用，它提供了学生在解决复杂问题时的综合性思维和方法。第二，跨学科教育注重培养学生的批判性思维和创新意识，尤其是在面临未知和模糊问题时的能力。第三，跨学科教育注重培养学生的团队合作能力，鼓励学生跨学科合作、共同解决问题。这种合作模式可以提高学生的交流能力、领导能力和团队协作能力。第四，跨学科教育也注重培养学生的创造性思维和创新意识，鼓励学生在跨学科领域中进行创新研究。

（二）跨学科教育的实施

跨学科教育作为一种创新的高等教育管理模式，在推动学科交叉融合、培养跨领域人才方面具有重要意义。它通过打破传统学科壁垒，促进不同学科之间的互动与合作，为学生提供了更加多样化和综合性的学习体验。

实施跨学科教育需要经过一系列的步骤。首先，需要明确跨学科教育的目标和意义。

这包括培养学生的跨学科思维能力、解决实际问题的能力以及增强学生的创新能力等。其次，需要选择适合的课程设置和教学方法。跨学科教育应当注重跨学科课程的设计和创新性的教学方法的运用，以激发学生的学习兴趣和专业能力。例如，可以开设跨学科研讨课程、项目导向的学习或者实践性的课程等形式来促进学生的跨学科学习。最后，还需引入合适的评估方式，以评估学生对跨学科知识和能力的掌握程度。

在实施跨学科教育过程中，需要充分发挥师生合作的作用。教师可以通过跨学科团队合作的方式，将不同学科的知识和经验融合在一起，共同设计和组织学生的跨学科学习活动。学生也可以通过小组合作、讨论和互助等方式，共同解决跨学科问题，培养合作能力和团队精神。此外，还可以借助实验室、实践基地、社会实践等资源，拓宽学生的学习视野和实践能力，增强他们的跨学科认知和实际应用能力。

跨学科教育的实施不仅需要高校的支持，还需要与社会、企业等外部资源的合作与共享。高校可以与相关领域的专家、学者、行业人士进行合作，共同开展跨学科教育项目，为学生提供实践机会和实际问题解决的平台。这将有助于提高学生的综合能力和专业素养，并为他们的职业发展打下坚实的基础。

二、产学研合作管理模式

（一）产学研合作概述

产学研合作作为高等教育管理模式的重要组成部分，在当前高等教育领域中有较大影响，并得到广泛应用。产学研合作指的是高等教育机构与产业界和科研机构之间的紧密合作关系，旨在促进知识的共享、创新的推动以及实践能力的培养。

在教育层面上，产学研合作旨在打破传统的教育模式，使学生能够在真实的产业环境中学习，并将理论知识与实践技能相结合。在产业层面上，产学研合作可以促进产业创新和经济发展，通过解决现实问题和技术瓶颈来推动产业的升级和转型。在科研层面上，产学研合作有助于科学研究的进展，提高科研机构的创新能力。

产学研合作具有显著的特点：其一，它是一种紧密的合作关系，参与方之间密切合作、互相依赖。高校、企业和科研机构之间建立起合作伙伴关系，共同制定发展目标并共同承担责任。其二，产学研合作是一种双向的知识流动。高校可以向企业和科研机构输出先进的理论知识和科学技术，而企业和科研机构也可以为高校提供实践经验和实际问题。其三，产学研合作还具有共享资源的特点，各个合作方可以共享设施、设备、人才和项目资源，提高资源的利用效率。

（二）产学研合作模式的实施

产学研合作模式的实施过程和方法是高等教育管理中至关重要的一环。通过有效的实施过程和合适的方法，可以促进产学研合作的顺利开展，实现产学研三方的良好互动与合作。

1.明确合作目标与愿景

在实施之前，各方应明确所追求的目标和期望的愿景，确立合作的方向和发展的重点。这可以通过召开各方参与的会议或研讨会来达成共识，梳理出共同的目标和愿景。

2.建立良好的合作机制和平台

合作机制需要明确各方的职责与权益，这是建立起相互信任和合作的基础。合作平台可以是校企合作基地、科研院所等，促进产学研之间的交流与合作。

3.发挥中介机构的作用，加强合作的组织与协调

中介机构，如高校教育管理部门、政府部门或行业组织，可以起到协调、促进和监督的作用，推动合作的顺利进行。中介机构可以组织召开合作会议、提供政策指导和资源支持，为产学研合作提供有力的支持。

4.推行灵活多样的合作模式和方法

产学研合作模式并不是一成不变的，可以根据不同的需求和情况选择合适的模式和方法。例如，可以采取联合研究项目、产学研一体化实训基地、技术转移与推广等方式，实现产学研三方的有效互动与合作。

三、全面质量管理模式

（一）全面质量管理概述

全面质量管理是一种组织全员参与的管理方法，旨在不断提升产品和服务的质量，使组织在竞争中具备优势。全面质量管理的核心理念是质量应该融入组织的每一个环节和每一个员工的工作中。

全面质量管理的特点体现在以下几个方面：

1.强调持续改进

在全面质量管理模式下，组织必须不断反思和改进自身的管理模式和工作流程，以适应不断变化的市场需求和客户的期望。这要求组织营造一个学习型的文化氛围，鼓励员工勇于提出问题、创新和改进。

2.注重客户满意度

在全面质量管理模式下，组织需要将客户的需求放在首位，全面了解客户的期望，并在产品和服务的设计、生产和交付过程中不断满足客户的需求。这要求组织要加强与客户的沟通和互动，建立良好的客户关系。

3.追求全员参与

全面质量管理认为每个员工都是质量的创造者和保证者，每个岗位都有相应的责任和义务。因此，在全面质量管理模式下，组织需要培养出具备质量意识和质量技能的员工，激发每个员工的潜能和创造力。

4.强调基于数据和事实的决策

在全面质量管理模式下，组织需要建立一套有效的数据收集和分析系统，以数据和事实为依据进行决策，这样可以避免主观臆断和基于假设的决策，提高决策的准确性和有效性。

（二）全面质量管理模式的实施

全面质量管理是一种以全员参与、持续改进为核心的管理模式，旨在通过各种手段和方法来提高组织的整体质量水平。在实施全面质量管理模式时，需要进行一系列的过程和方法，以确保其有效性和可持续性。

确立质量目标和策略是全面质量管理模式实施的起点。组织应该明确质量目标，即希望达到的质量水平，并将其与组织的战略目标进行对齐。制定相应的质量策略，明确实现目标的具体措施和方法。

1.建立质量管理体系

质量管理体系包括一系列的制度、流程和程序，用于规范和指导各项质量管理活动的实施。例如，要制定质量管理手册，明确各项质量管理职责和权限；建立质量管理程序，规范各项工作活动的步骤和要求；设立质量管理团队，负责组织和协调相关的质量管理工作。

2.应用质量管理工具和方法

全面质量管理模式借鉴了很多质量管理方法和工具，如质量流程控制、因果分析、故障模式与影响分析等。组织应该根据具体情况，选择合适的方法和工具，并将其应用于各项工作活动中。例如，可以使用质量流程控制来确保整个过程的稳定和可控；通过因果分析来深入挖掘问题的本质和潜在原因；利用故障模式与影响分析来识别和预防可能存在的问题。

3.注重质量培训和持续改进

组织应该向员工提供相关的质量培训，使其具备必要的知识和技能，能够有效地参与质量管理活动。组织应该建立起一套持续改进的机制，鼓励和支持员工提出改进建议，推动组织持续优化和改进。

4.评价和监测

组织应该建立起一套完善的评价和监测机制，对各项质量管理活动的实施情况和效果进行定期评估和监测。通过评价和监测的结果，组织可以及时发现问题和不足，并采取相应的措施。

（三）全面质量管理模式的效果

在高等教育管理中，全面质量管理模式被广泛运用。全面质量管理模式的实施可以带来多方面的效果。

全面质量管理模式的实施使得高校的管理水平得到了提升。通过建立全面的质量管理体系，高校可以对各项工作进行规范化和标准化管理，提高各个层面的工作效率和质量。高校可以通过提前设定明确的目标和指标，对各个环节进行监控和评估，及时发现问题并采取相应的措施。这种全面性的管理模式可以有效减少管理的盲目性和随意性，提高管理的科学性和有效性，进而为高校的可持续发展奠定坚实的基础。

全面质量管理模式的实施对提高高校的教育教学质量具有积极影响。全面质量管理模式要求高校从制订教学计划、管理教师队伍、优化教学资源等多个方面入手，全面提升教育教学质量。通过全面质量管理模式，高校能够更好地关注学生的学习需求和个性发展，提供更加优质的教育教学环境和服务。同时，高校可以逐步改进教学方法和手段，注重教学过程的反馈与改进，促进教师的专业发展和教学水平的提高。这些措施的综合作用，可以有效提高学生的学习效果和高校的整体教育教学水平。

在全面质量管理模式的实施过程中，高校还可以从与外部合作伙伴的交流、合作中受益。通过与产业界、研究机构等合作，高校可以将外部资源和专业知识引入高校的管理和教学中，提高高校的整体竞争力和创新能力。高校可以通过参与产学研合作项目，获取更丰富的实践经验和案例，为改进和创新提供有力支撑和参考。同时，合作伙伴也可以为高校提供专业的咨询和指导，帮助高校找到问题并解决问题。这种开放与合作的理念对提升高校的整体质量和实力有着重要的推动作用。

第五节 高等教育管理技术的应用创新

一、大数据技术在高等教育管理中的应用

（一）大数据技术概述

大数据技术是指通过对大规模和复杂的数据进行收集、存储、处理和分析，挖掘出有价值的信息和知识。在高等教育管理中，大数据技术可以帮助机构收集和分析大量的教育数据，包括学生的学习行为、学生成绩、课程评价等，从而更好地理解学生的需求。

大数据技术作为现代信息技术的重要分支，具有快速、高效等特点，在各个领域中得到了广泛应用。

（二）大数据技术在教育数据分析中的应用

大数据技术作为一种强大的工具，在高等教育管理中发挥着重要的作用。

在教育数据分析方面，大数据技术的应用可以为教育管理组织提供全方位、全面准确的数据支持，以辅助他们做出科学决策。

大数据技术可以帮助教育管理组织进行学生行为分析。通过收集和分析学生的学习数据、社交数据、行为数据等，教育管理组织可以了解学生的学习兴趣、学习习惯等信息，从而为教育管理组织提供个性化的教育服务。例如，结合学生的学习数据和社交数据，我们可以发现一些学生在团队合作中的优势，然后将其推荐给其他学生，促进学生之间的合作与交流。

大数据技术可以帮助教育管理组织进行学生学业预测。通过收集和分析学生的历史学习数据、评估数据等信息，组织可以对学生的学习表现进行预测。教育管理组织可以借助这些预测结果，提前发现学生可能遇到的困难，进而采取相应的措施，帮助学生克服学习障碍，提高学生的学习效果。

大数据技术可以用于教育质量评估。通过收集和分析学生的评估数据、教师的教学数据等信息，教育管理组织可以全面客观地评估教育质量，并及时发现问题，提出改进措施。教育管理组织可以通过对大数据的分析，了解教育过程中的优势与不足，从而提高教育质量，为学生提供更好的教育服务。

大数据技术还可以应用于教育资源管理。教育管理组织通过收集和分析教育资源的使用情况、需求情况等信息，可以对教育资源进行科学优化配置。教育管理组织可以通过大数据分析，了解不同教育资源的利用率、热度等情况，进而合理调整资源分配，提高资源利用率。

（三）大数据技术在教育资源管理中的应用

教育资源是高等教育管理中至关重要的一环。传统上，教育资源的管理往往依赖于人工收集、整理和分配，效率低下且容易出错。随着大数据技术的迅猛发展，高等教育管理中的教育资源管理也发生了较大变化。

大数据技术为教育资源管理提供了更全面、准确的数据支持。通过收集学生的学业信息、课程评估结果、实习及就业数据等，大数据技术可以帮助高等教育管理组织更好地了解学生的需求和动态，进而提供更准确的资源分配和辅助决策。例如，利用大数据技术分析学生的学习行为习惯，可以为学生推荐适合其学习风格和兴趣的学习资源。

大数据技术可以实现教育资源的智能化管理。通过将大数据技术与人工智能技术结合，可以构建智能教育资源管理系统。这样的系统可以自动对教育资源进行分类、存储和检索，使得资源的获取更加便捷高效。系统能够根据学生的个性化需求和学习进度，智能推荐适合其所需的教育资源,帮助学生提高学习效果。

大数据技术也为高等教育管理组织提供了更好的资源评估工具。通过对教育资源的使用情况、质量评估以及影响因素进行大数据分析,教育管理组织可以更好地了解资源利用效率,优化资源配置,提高教育资源的质量。例如,可以利用大数据技术分析不同教师所教授课程的成绩和评教结果,从而评估教师的教学质量,以给学生提供针对性的指导。

(四)大数据技术在教育质量评估中的应用

随着大数据技术的发展和应用,越来越多的教育机构开始利用大数据技术进行教育质量评估工作。大数据技术的应用不仅能够提高评估的精确度和效率,还能够为教育机构提供更全面的评估指标和决策支持。

大数据技术在教育质量评估中的应用使评估工作更加精确。传统的教育质量评估主要依靠问卷调查、学生反馈等方式,但这些方法往往受限于样本数量和质量。而利用大数据技术,可以收集大量的教育数据,包括学生的学习行为、成绩、课程选修情况等。通过对这些数据进行分析和挖掘,组织可以得到更准确、客观的评估结果,避免了传统评估方法中的主观因素。

在教育质量评估中应用大数据技术,有助于提供更全面的评估指标。传统的评估方法往往只能从一些有限的指标来评估教育质量,如学生的成绩、毕业率等。而利用大数据技术,可以从多个角度对教育质量进行评估,如教师的教学质量、学生的学习兴趣和参与度等。这样,评估结果更加全面、综合,能够更好地反映教育实际情况,为教育机构提供更科学的改进方向和决策支持。

大数据技术在教育质量评估中的应用提高了评估的效率。传统的评估方法往往需要耗费大量的人力、时间和资源,而利用大数据技术,可以实现自动化、高效率的评估过程。大数据技术能够快速收集、整理和分析大量教育数据,提供实时的评估结果和反馈。这对于教育机构来说,不仅节省了人力资源,还能够及时了解教育质量状况,进行及时调整。

二、人工智能技术在高等教育管理中的应用

（一）人工智能技术概述

人工智能技术是一种模拟人类智能的技术，通过计算机和算法的应用，使机器能够模拟和理解人类的智能行为。在高等教育管理中，人工智能技术有着广泛的应用前景。

人工智能技术在高等教育管理中可以提供精确而快速的数据分析能力。传统的高等教育管理需要做大量的数据收集和分析工作，而人工智能技术能够通过自动化的方式，快速处理和分析庞大的数据，提供准确而有价值的信息。这样的数据分析能力可以帮助管理组织更好地了解学生的学习情况，优化教学计划，提高教学质量。

人工智能技术在高等教育管理中能够提供个性化的学习支持。通过分析学生的学习行为和个性化需求，人工智能技术可以为学生量身定制学习计划和教材，提供个性化的学习资源。这样的学习支持可以帮助学生高效学习，提高学生的成绩和满意度。

人工智能技术还可以应用于高等教育评估中。传统的教学评估通常是基于问卷调查和统计数据分析等，而人工智能技术可以通过自然语言处理和机器学习等技术，从多样化的数据源中提取并分析评估指标。这样的教学评估模式更加客观和全面，可以为教育管理组织提供准确的评估结果和改进建议。

（二）人工智能技术在教育教学中的应用

人工智能技术在教育教学中的应用已经取得了显著的成果，并为教育教学带来了许多新的可能。下面，笔者将重点介绍人工智能技术在教育教学中的三个方面的应用：

1.智能辅导系统

智能辅导系统利用人工智能技术实现对学生的个性化辅导和指导。通过对学生的学习情况进行数据分析和模型建立，智能辅导系统可以根据学生的个体差异，提供有针对性的学习资源和实时反馈。学生可以通过智能辅导系统根据自己的学习需求和进度进行学习，提高学习效果和学习动力。

2.个性化学习

个性化学习通过利用人工智能技术对学生的学习数据进行分析和处理，为学生提供个性化的学习计划和学习资源。通过个性化学习系统，学生可以根据自身的学习兴趣、

学习风格和学习水平获取适合自己的学习材料和学习任务,提高学习效果和学习动力。个性化学习系统还可以根据学生的学习情况进行调整,提供更加精准和有效的学习支持。

3. 智能化评价

传统的教育评价通常依赖教师主观评估和标准化测试,评价结果往往存在一定的主观性和局限性。而基于人工智能技术的智能化评价系统可以通过对学生学习行为和学习成果的分析和处理,提供客观、全面和多维度的评价结果。智能化评价系统能够根据学生的个体差异和学习需求,制定相应的评价指标和评价标准,帮助学生准确了解自己的学习情况,从而更好地调整学习策略,提升学习效果。

(三)人工智能技术在教学评估中的应用

人工智能技术在教育领域的应用引起人们广泛关注,其中在教学评估方面的应用也是研究的热点之一。教学评估是一项重要的任务,它可以帮助教师了解学生的学习进展,发现问题并进行及时调整。人工智能技术的引入为教学评估带来了新的思路。

人工智能可以通过自动化的方式收集和分析大量的学生数据。通过分析学生在学习过程中的表现,得出更准确的评估结果。例如,通过学生在电子学习平台上的行为数据,可以了解他们的学习习惯、知识点掌握程度以及遇到的困难等。这样的数据反馈可以帮助教师及时发现学生的问题,并提供个性化的教学支持。

人工智能可以利用自然语言处理技术和机器学习技术对学生的作业和答案进行评估。传统的教学评估往往依赖教师的主观判断,而人工智能可以基于算法和模型对学生的作答进行客观评价。这种评估方式不仅节省了教师的时间和精力,还能够提供更准确和公正的评估结果。

人工智能技术可以进行学习过程的数据分析和预测,通过对学生学习过程中的数据进行分析,发现学生的学习规律和趋势。基于这些分析结果,教师可以对学生的学习进行调整和引导,提供个性化的学习建议。同时,人工智能还可以利用学生的历史数据和模型进行预测,帮助教师预测学生可能遇到的问题,及时采取措施进行干预。

三、云计算技术在高等教育管理中的应用

(一)云计算技术在教育资源共享中的应用

云计算技术作为一种新型的信息技术手段,在高等教育管理中得到广泛应用。在教育资源共享方面,云计算技术为高校教育资源的存储、管理和共享提供了便利和支持。

云计算技术为高校提供了强大的存储能力。传统的教育资源存储往往面临着容量不足和安全等问题,而云计算技术则可以通过云端存储的方式,解决了这些问题。高校可以将各类教育资源,包括课程材料、学术论文、教学视频等,上传到云端,便于统一管理和共享。云计算技术通过弹性扩展的特点,可以根据实际需求调整存储容量,提高资源利用效率。

云计算技术为高校提供了灵活的资源共享方式。云计算的本质是将各种资源集中管理,通过网络进行共享。在教育资源共享中,云计算技术可以实现跨学科、跨院校的资源整合和共享。高校可以将自己拥有的优质教育资源分享给其他院校,同时也可以从云端获取其他院校的资源。这种模式不仅可以提高教学质量和教学效率,还可以促进教育资源的优化配置和合理利用。

云计算技术为教育资源的在线学习和远程教育提供了支持。基于云计算平台,高校可以搭建开放式的网络教学环境,实现在线学习的教育模式。学生通过云端平台,可以随时随地访问和学习教育资源,提高学习的灵活性和自主性。云计算技术的强大计算能力和网络传输速度,也为远程教育提供了条件。学生可以通过云端教学平台,与远程教师进行实时互动,获得优质的教育资源和服务。

云计算技术可以通过数据分析和挖掘,提升教育资源共享的效果。在云计算平台上,教育资源的使用情况和学习效果可以进行全面的统计和分析。通过分析学生的学习行为和学习结果,高校可以了解学生的学习情况,进而优化教学资源的配置和共享方式。同时,通过对大数据的挖掘,高校可以发现教育资源中的潜在价值和优势,为教育资源的共享和利用提供指导和支持。

(二)云计算技术在教学环境构建中的应用

在高等教育管理中,云计算技术具有广泛的应用前景。尤其在教学环境构建方面,云计算技术的应用已经取得了显著成效。

云计算技术为高等教育管理提供了强大的数据存储和处理能力。传统的教学环境中，高校需要购置大量的服务器和存储设备来支持教学活动，而且需要经过长时间的运维和维护。而借助云计算技术，高校可以将教学资源、教学课件等数据存储在云端，通过云服务提供商提供的强大计算能力和存储空间进行管理，无论是学生还是教师，都可以随时随地访问和利用这些教学资源，大大提高教学效率。

云计算技术为教学环境的协同和共享提供了有效的支撑。传统的教学环境中，教师之间的资源共享和协作往往受限于时间和空间的限制，使得教学资源的利用率不高。而通过云计算技术，教师们可以将自己创建的教学资源上传到云端，与其他教师进行共享，实现资源的共享和协同编辑。学生们也可以在云平台上进行学习和交流，共享教学资料和笔记，提高学习效果和学习体验。

云计算技术为教学环境的个性化和智能化提供了可能。传统的教学环境中，学生们往往难以根据自身的兴趣和需求选择适合自己的学习资源。而通过云计算技术，教师们可以根据学生的个性化需求，开发智能化的教学应用，为学生提供个性化的学习路径和学习资源。云平台上的大数据分析和挖掘技术有助于教师更好地对学生的学习行为和成绩进行分析。

云计算技术还为教学环境的创新和实践提供了机会。通过云平台上的虚拟实验室和模拟环境，学生们可以进行实践和实验，提高实践能力和创新思维。同时，基于云计算技术的在线考试和评估系统可以实现自动批阅和评分，提高评估效率和准确性。这些创新的教学模式和工具，不仅能够激发学生的学习兴趣和积极性，还可以提高课程的针对性和实效性。

（三）云计算技术在教育创新中的应用

在高等教育管理中，云计算技术扮演着越来越重要的角色，尤其是在教育创新方面。云计算技术的快速发展为高等教育提供了更多的机遇和挑战。下面，将重点探讨云计算技术在教育创新中的应用。

云计算技术为高等教育创新提供了强大的支撑。通过云计算技术，高校可以更加方便地管理和存储教育资源。教师可以在云平台上上传和管理课程资料、教学视频资源等，学生可以随时随地访问和学习这些资源。这不仅提高了教育资源的共享和利用效率，也极大丰富了教学内容和手段。

云计算技术在教育创新过程中促进了教学环境的构建。通过云计算技术，高校可以构建虚拟实验室、远程实训平台等，实现跨地域、跨学科的教学合作。学生可以通过云平台进行实验操作、加入虚拟实验室进行科学研究，从而更好地提高自己的实践能力和创新能力。

通过云计算技术，高校可以开展在线学习、混合式学习等创新型教学模式，提升学生的学习体验。借助人工智能和大数据技术，云平台可以根据学生的学习情况和兴趣特点，个性化地推荐教学资源和学习路径，从而实现更加精准、高效的教育。

参 考 文 献

[1]薛天祥.高等教育学[M].桂林：广西师范大学出版社，2001.

[2]杨德广.高等教育学概论[M].上海：华东师范大学出版社，2002.

[3]潘懋元.新编高等教育学[M].北京：北京师范大学出版社，2009.

[4]张亚军.教育前沿：高等教育管理理论与创新研究[M].沈阳：辽宁大学出版社，2023.

[5]姚启和.高等教育管理学[M].武汉：华中理工大学出版社，2000.

[6]熊庆年.高等教育管理引论[M].上海：复旦大学出版社，2007.

[7]曹留成.高等教育管理与实践应用[M].长春：吉林大学出版社，2022.

[8]庄小平.高等教育管理实践与探索[M].长沙：湖南教育出版社，2011.

[9]刘献君,陈敏.院校研究与现代大学管理[M].青岛：中国海洋大学出版社，2006.

[10]柏昌利.高等教育管理导论[M].西安：西安电子科技大学出版社，2006.

[11]王立梅.高等教育管理理论与实践探索[M].北京：中华工商联合出版社，2022.

[12]代静.高等教育管理与教学研究[M].西安：西安交通大学出版社，2017.

[13]王宝堂.当代高等教育管理与实践路径研究[M].青岛：中国海洋大学出版社，2018.